远　见　成　就　未　来

建 投 书 店 投 资 有 限 公 司

More than books

TOKYO
A BIOGRAPHY

东京传

[英]斯蒂芬·曼斯菲尔德——著

张旻——译

中国出版集团
中译出版社

图书在版编目（CIP）数据

东京传 / (英) 斯蒂芬·曼斯菲尔德著；张旻译
. -- 北京：中译出版社, 2019.1（2020.1重印）
ISBN 978-7-5001-5844-8

Ⅰ. ①东… Ⅱ. ①斯… ②张… Ⅲ. ①城市史—东京
Ⅳ. ①K931.3

中国版本图书馆CIP数据核字（2018）第299153号

TOKYO: A BIOGRAPHY: DISASTERS, DESTRUCTION AND RENEWAL: THE STORY OF AN INDOMITABLE CITY By STEPHEN MANSFIELD

版权登记号：01-2018-7441

TOKYO: A BIOGRAPHY 东京传

出版发行：中译出版社
地　　址：北京市西城区车公庄大街甲 4 号物华大厦六层
电　　话：（010）68359101；68359303（发行部）；
68357328；53601537（编辑部）
电子邮箱：book@ctph.com.cn
网　　址：http://www.ctph.com.cn

出 版 人：张高里
特约编辑：黄　艳　任月园
责任编辑：郭宇佳　张孟词
封面设计：肖晋兴

排　　版：中文天地
印　　刷：山东临沂新华印刷物流集团有限责任公司
经　　销：新华书店

规　　格：710 毫米 ×1000 毫米　1/16
印　　张：15
字　　数：140 千字
版　　次：2019 年 3 月第 1 版
印　　次：2020 年 1 月第 2 次

ISBN 978-7-5001-5844-8　　　　**定价：**72.80 元

本书献给我的儿子——鲁珀特

摧毁人们最有效的办法是否定和抹去他们对自身历史的理解。

——乔治·奥威尔

城市不是建筑的集合，而是一连串相互联系的空间。

——艾德蒙·培根

TOKYO
A BIOGRAPHY

目录

TOKYO
A BIOGRAPHY | 东京传

序

“那是 1764 年 10 月 15 日，在罗马，”伟大的英国历史学家爱德华·吉本写道，“我坐在卡匹托尔山上的废墟中，陷入了沉思。不远处，赤脚的修士们在朱庇特神庙中诵唱着晚祷词。突然之间，让这座城市的衰亡尽落于笔尖的想法第一次浮现在我的脑海里。”很少有作者经历过这种恰逢其时或具有决定性的创作契机。城市常常在时光中悄然而至，潜移默化地进入我们的头脑，成了灵感的源泉。

吉本研究历史的方式是以当时人类社会的主流视角去理解历史。这种历史观否认了任何固有意志对过去的影响。原因、结果和事件构成了历史；既不存在决定性的规律、定理，也没有所谓的天意。这种看法与一些传统中国史学家所秉持的观念截然相反。后者认为历史已由天数所定，只不过需以人谋之而已——如果一个懦弱或腐败的君主失去了天命，他就可以被合法、正当地取而代之，然后整个历史的进程便得以重启。作为生活在启蒙时代的人，吉本证明了我们还能通过其他的路径重回历史长河中的那些时刻。沿着这些路径逆流而上，便是按照历史的时刻表，在人类留下足迹的那一刻，准时与之再次相逢。我秉持着某种相近的精神，并渴望书写囊括了一切重要以及不重要但有趣之事的历史，这促成了本书的诞生。

即使是在今天，这个我们理应对东京有更多了解的时代，许多对它的描述出人意料地仍以过时的成见颠覆着现实。这些书频繁地将东京描绘为一座遭受着多重人格障碍折磨的城市，城中的居民们经受着一阵阵情绪失控而非普通意义上的喜怒哀乐。在以东京为背景的外国电影中，演员们在城中徜徉，神态却仿佛是在探索海王星的表面。作家保罗·泰鲁在一本著作中认为东京“更像一台机器，而不是一座城市”，故而不值一谈。本书在一定程度上有力地回击了这些看法，认为东京人既非没有自己意识的细胞，也不是城市机体中流动的带电粒子。与其他大城市一样，高度个体化的居民是东京的立城之本。

对任何审思过去的作者来说，最重要的问题必然是如何真实地表述历史经验，如何让今天的读者知悉昨日的事件——就东京而言，便是如何重构这座最难追忆的城市的往昔岁月。若你开始认为过去之事正在发生，而非已经发生，思考历史的新方式便成为可能。

尽管经历过各种大型建设项目，东京依然看上去似乎才刚刚形成，就像一只由水泥与灯光构成的巨大水母。这个城市的变化之剧烈，让它仿佛时不时地会完全与它自己的历史脱节。然而，恒久不变的城市是不存在的。除了极少的例外，改变或者说易变性才是永恒不变的模式。当然，问题仅仅在于变化的程度而已。

历史的连续性是谈论过去的前提，然而对于东京，我们需要面对的是相反的情况：过去的不连续性。没有什么是命中注定的，历史就是在时间中旅行。

爱德华·赛登施蒂克曾在其名作中提到，传统与变化之间的争论——欧洲城市的一个特征——是与东京绝缘的，因为在那里，变化就是一种传统。从自然灾害到“二战”中的毁灭，再到战后建设时期对历史的抹消，种种天灾与人祸曾降临于这座城市。然而即便如此，在由印度引入日本作为供奉图腾的众多宗教形象中，印度教中代表混乱与毁灭的女神迦梨仍未能在城市的万神殿中获得一席之地，这着实令人惊讶不已。

最好的城市历史记录无疑应当由不偏不倚的叙述组成。但是如果我们在公正之外另立一根标杆，那么上面绑的应该是生动性这块叙述的滤镜。我试图在“客观准确”与来源于直接体验的“热情偏爱”（借苏珊·桑塔格的用词）之间找到平衡。

我可以忍受见证这座城市近代历史中的一小部分。我很幸运，能在奥姆真理教发动沙林毒气袭击（指1995年3月20日早晨日本东京地铁发生的恐怖袭击事件）的仅仅数小时前身处霞关站的站台之上；我很幸运，2011年3月11日，当地震与海啸袭击福岛附近时，我能身在城中，并在一座12层胶囊旅馆的高层租下了一张睡榻。在一阵阵的余震之中，这幢高瘦的楼房如同喝醉了酒一般摇摆不定。那一夜，任何一点睡眠都是弥足珍贵的。我隔壁的胶囊里住着一个痛苦的失眠者。他仿佛圣经人物附体，整夜含糊不清地叨念着一个关乎城市毁灭的预言。

浅草观音寺（也称浅草寺）或许是东京最古老的宗教场所。两位渔民在隅田川中发现了一尊黄金观音像。于是当时的人们便建造了这所寺庙来供奉神像，奉祀这位大慈大悲的菩萨。寺院最初建成于公元 645 年，在“二战”中毁于轰炸。于东京人而言，这座寺院本就意义非凡，重建后更是成了怜悯与和平的象征。

（图片来源：Dreamstime© Zheng Dong）

前言

一群群丹顶鹤无忧无虑地漫步于冬季的盐滩潮沼中。除了它们之外，许许多多其他种类的飞禽，例如茶隼、白鹭、蒙古沙鸻、麻鹬、蜡嘴雀和日本朱鹮等也在海湾边的浅沼中筑巢或旅居。然而只有迁徙而来的鹤——这种以螃蟹、蜗牛、蝾螈和蜻蜓为食的杂食者——将获得成为象征不朽与忠诚的宗教符号的殊荣，并在此之后与注定从此处崛起的城市一样，历经成长、灭绝和重生的循环。

一直未曾发生巨变的是东京的地质情况。多次火山爆发余留了大量硬性红黏土，积聚成关东土壤层，东京便坐落其上，火山灰构成了它将近 20 米厚的表层土壤。东亚季风带来了阵阵充沛的雨水，在地表形成了大量的落水洞和洼地。渐渐地，一座座山谷意外地成形于本该平坦的土地上，涌入池塘、湿地和海湾的地表与地下水系在山峦间侵蚀出孔洞，连绵起伏的地势与这些洞窟共同构成了东京城弯弯曲曲的背街小巷。它们沿着早已填平的老旧河道或地下河蜿蜒起伏，人们能够从雨水沟和检修孔里传出的隆隆低鸣声中隐隐察觉到这些地底水流的存在。这些便是自然地形在城中可见的痕迹，城市在这样的地势中逐渐形成。

这些东西我们都可以查证，历史却在时间的迷雾中若隐若现。即使是史前时代的骨骼与化石——比如日本桥本町商业中心地下发掘出的瑙曼象——也代表着一段与这些遗骨一样牢牢埋藏于过去的历史时期。大约在2万至3万年前的末次冰期，随着石斧、刀具、鹅卵石（烧热用来烹煮食物）等工具的发展，麋鹿与大象之类的大型生物几乎灭绝。天气日复一日地寒冷，土壤变得干燥，继而坚硬。到了绳文时代早期（公元前8000年—公元前300年），气候再次变暖，土地受到海平面上升的洗礼，海岸线一度曾到达今天被称为“山手”的低矮丘陵。沿岸的悬崖和延伸至水中的山脊为捕鱼和贝壳采集提供了天然码头与堤坝；贝壳冢和穴居房屋轮廓出现在现今的板桥区和北区，石制工具则被发现于河流上游沿岸和海湾湾头。这些都表明这里曾经存在着原始聚落，是旧石器时代狩猎采集者的家园。

冰川期渐渐结束，更温和的气候环境转而到来。一个丰足、富有创造力的陶器文明诞生于纪元交替之际。提起这个时期的陶土瓮罐，人们的印象就是压入软陶的稻草线绳，这个时代也得名于这些带着“绳纹”的陶罐残片：绳文时代。东京到处散落着一堆堆的贝冢*，“集贝人”（一个渔猎采集种族）将他们用过的贝壳倾倒于

* 史前时代人们捕食的贝类堆积遗址。——编者注

此。贝冢中还发现了骨制工具、石头和陶制器皿。

听上去有些难以置信，在日本，考古研究始于美国动物学家爱德华·S. 摩尔斯。1877 年 6 月 19 日，摩尔斯乘坐火车从横滨奔赴新桥，对当地的腕足动物（西太平洋贝类）进行深入研究。当车厢穿过大森地区时，他碰巧扫了一眼窗外，注意到地面上隆起的一座小丘，他立刻认出那是一个贝冢。后续发掘显示，这处遗址是一座 5000 年前青铜时代的海扇壳堆。几天后，摩尔斯带着东京帝国大学的学生返回此地。这个团队徒手挖掘了遗址，发现了“形式丰富而独特的大量陶器、三枚加工过的骨头和一块古怪的陶碑”。类似的炊具堆在御茶水、上野山，甚至今天的皇居地下都曾发现过。对历史知识的渴望推动了更多的发掘。1884 年，在现今根津站附近的斜坡下发掘出了被称为“弥生坂”的另一层日本历史。参与发掘的学生在盆盆罐罐中找到了一颗颗焦黑的米粒和谷壳。这一发现提前了人们对该地区最早农业活动出现时间的推断。

到了弥生时代（公元前 300 年—公元 300 年），日本开始发展出水稻种植与金属加工。彼时的社会已得到了更好的管理，日常用品则显示了社会的进步。这些用品包括捕捉动物用的陷阱、篝火坑、陶器（以更高温度烧制的它们变得更加坚固）、黏土雕像、漆器、铜制及铁制工具，以及骨灰瓮——后者是能够揭示历史进程的重要物件。当人们开始尊敬死者的时候，社会发展便发生了一次飞跃；怀念祖先是建立一个历史时刻点的重要举措。放置在先祖坟茔下的橘棕色埴轮（日本古坟顶部和坟丘四周排列的素陶器的总称）也与纪念死者有关。这些无釉黏土像呈圆柱形或由多个部件装配而成，代表着人、动物以及其他人们熟悉的物体或形状，比如生活器具和远古住宅的等比例模型。

在等等力西郊（今世田谷区内），扇贝形的野毛大冢古墓被保存得相当完好。这座公元 5 世纪的坟冢代表了当时在关东地区盛行的古坟文化（中期）。河石与埴轮包围着坟墓的封土，墓中发掘出了一口石棺、两口木棺，同时还发现了大量遗物，包括剑、铁制箭镞、盔甲、臂章、铁制镰刀、铜镜和梳子。遗存的质量与坟墓的规模表明这是一位在南武藏野地区极具影响力的部落首领的安息之所。多摩川附近的蓬莱山古坟是东京最古老的坟墓。这座锁眼形状的古坟的建造时间可以追溯至公元 4 世纪，墓中随葬的遗物证明了一位曾经控制着多摩川地区大片土地的统治者的存在。

如果说地理与气候限定了栖息环境，那么人们将有可能会定居在构成关东平原的八个州里。这片日本最大的平原位于东海岸之上，它的地理位置使它与亚洲大陆保持了最远的距离，从而避免了潜在敌人的入侵。由于充沛雨水的浇灌，它也是种植水稻与驯养武士所用马匹的理想场所。

作为未来东京起兴之地的村落群跨越了三条河流——隅田川、荒川、江户川——这些河流在此流淌过下游冲积平原，最终在东京湾汇聚入海。这片广阔的土地略高于海平面，极易受到洪水及其他灾害的袭扰；它已经无数次成为灾害的对象，未来也势难摆脱相似的命运。大部分海岸曾经是湿地，这个区域在 16 世纪末得以开发，填海造陆计划加固了海岸线，为未来的城市增添了更多的空间。

河道的变更与海平面的地质变迁导致了高地平原的形成。此类地块中面积最大的是武藏野台地。这是一个洪积平原，从城市中心向西 60 千米处延伸至关东平原的山地边缘。它的陡坡刺入城中，形成了泾渭分明的高低地势。城市由此被分成了两个区域：一个是靠近河口与海湾的城市平洼地带，被称为下町（下城）；另一个是隆起的内陆地区，被称为山手（上城）。但这两个区域之间的差别远远不止于地理层面。

这片包含了现在东京的区域并非完全无人居住。相传，早期朝鲜族部落曾在隅田川沿岸定居。公元 628 年 3 月 18 日，在这个精确得令人惊讶的日期里发生了一件事，预示着一座尚武又虔诚的城市即将崛起。渔民桧前浜成与他的兄弟桧前竹成发现渔网里缠着一尊黄金所制的大慈大悲观世音菩萨像，在故事里，他们把佛像扔回河里，却眼睁睁地看着它重新浮出水面。两人将观音像带给了当地的乡司土师真中知，他认为发现观音像是吉兆，于是在家中建造了一座佛堂以供奉佛像。到了公元 645 年，浅草观音寺落成，它或许是东京最古老的宗教场所。这尊小型塑像成了“秘仏”，即秘藏佛像——它太过神圣，不该为肉眼所见。佛像的真实起源是一个谜，然而在 1945 年，一个可能的解释浮出了水面。就在寺庙受到轰炸之后，人们对寺庙正殿（观音堂）的废墟进行了发掘，此次发掘中找到的宗教用具和铺砖均来自亚洲大陆，其起源可追溯至公元 7—8 世纪。这暗示了佛像可能原产于朝鲜。

在这个以山为尊的国度，武藏野台地的平坦似乎引发了一些失望情绪。人们认为它的广阔是一种缺陷，正如这首古诗所意指的：

“武藏野，

平地少山，

月无以近。

丘出膏壤，

没于草芥。”

公元1020年，一个风吹草低的秋日，12岁的更级小姐渡过了隅田川，在四下探望时，发现她的随从们淹没在了一望无际的旷野中。在高高的芦苇丛里，“就连骑士们的弓尖也看不分明”。这些密集而繁茂的野草、蒲苇、芦苇和野生灌木胡枝子是这片台地的主要特征，千百年来一直被载于诗歌之中。明空、朗月、富士山，这些在台地上清晰可见的意象是许许多多后世画作的主题。在公元7世纪一名艺术家创作的六折屏风上，密密麻麻的野生康乃馨、野草和桔梗占据了最显眼的位置。

到了公元12世纪，武士－军人阶级从无能、自闭、官僚的京都贵族手中夺过权柄，日本开始进入了中世纪社会。“江户”之名的第一次使用出现在这个时期。秩父重继在糀町（也译作麹町）的一处高地筑造居馆并将自己的名字作为地名。从那时起，他被称呼为江户重继，而他名字的变化则是地名“江户”在历史文献资料中留下的第一道痕迹（江户的意思是“海湾的门户”），这个词告诉我们东京湾是如何深入城市的中心，以至于它的海水竟能够贪婪地舔舐着糀町高地的岸线。

现今的东京，彼时为东部县的一部分，属于武藏国领地，其国府（领地首府）的主要部分位于现今的府中市。人迹罕至的平原上四处是荒野，来往于此的旅人与香客无法高枕而卧。公元 13 世纪，强盗小和田道玄时常在草木丛生的山谷中伏击朝西面山岭行进的旅人并因此声名狼藉。涩谷区如今还有一条名为道玄坂的道路，但这道斜坡与当年东京城那条受劫匪滋扰的山道已没有任何相似之处。

正如同这些描述所展示的，即使没有任何关于过去的物质证据，保存在名字中的历史仍会成为完全专注于现实的城市的一个特征。

羽子板——新年游戏“羽付”里使用的小型木拍——通常以歌舞伎角色的人像作为装饰。人们已经很少玩这种有点像羽毛球的游戏了，但是羽子板的销售仍然是浅草寺的新年传统——这个传统有近 350 年的历史。现代的戏剧表演中仍然可以见到歌舞伎角色的面孔，这种艺术形式留存至今。

（图片来源：Dreamstime© Meaothai）

第一章　总体规划

渔村到城堡——社会结构——第一批外国访客——娱乐区——江户之花

开国神话，天启之城，神秘人物的占卜，诸神之战的发生与调停，这些丰富多彩的传说故事曾经是所有王朝起源的依据。相应地，传说称弁天女神以跃出水面的鱼为媒介，引导领主太田道灌前往一座低矮的山丘。在那里，女神命他在一座名为“江户”的平凡无奇的渔村附近建造一座堡垒。

这座易于防守的土丘伫立在现今皇居的外花园之上，俯瞰着数条当地河流奔腾入海。这些水路中包括了连接江户湾的日比谷湾口。船可以在村落尽头的一座码头下锚停泊。从 1457 年开始，在太田的监督下，这座码头渐渐演变成了繁荣的航运和贸易中心。从这里卸货的有鱼、米、茶、铜和铁，还有令人垂涎至极的中国草药。

到访的诗人、书吏和文豪们留下了描述这座作为第一世东京的小城的只言片语，它曾拥有的土质防御工事或建筑却没有留下任何痕迹。它的茅草建筑、紧实的泥土堤坝、竹栅栏、沟渠和水井让它看起来更类似于一片被栅栏围起来的乡村野舍，而不是一座城堡。太田道灌作为军事战略家和天才执政官是成功的，然而，他也因此而受到君主上杉定正的嫉妒。1486 年，上杉定正派人谋杀了太田。自此之后，这里渐渐荒废，在村落建立之前便定居此处、以捕鱼为生的原住民们重新主导了这片土地。

百年之后，这一小块土地意外地获得了举足轻重的地位，声名远播。1590 年，武士家族首领德川家康来到了这个在沼泽的怀抱中蜷缩成一团的凄凉渔村，开启了它崛起成为世界最大城市之一的历史进程。他们占领关东，圈地为王，并以小田原城为大本营对领地进行监管。德川家康策划了一场针对北条氏的军事战役，而江户据点与围绕着它的关东八州则是他的回报。丰臣秀吉的慷慨相赠暗藏另一重目的：让德川家康远离京都和权力中心。在北条城堡倒塌的过程中，这个名为封赏实为流放的提议最终成为定案。家康建议，两人在一起对着小田原的方向撒尿时达成这项约定——这也许是历史中的唯一一例，两个同步排空的膀胱为一个世界级城市的命定之地盖上了印章。

德川家康即将把他的堡垒建在狭长海湾的湾头，那里到处是蚊虫猖獗的咸水湾和芦苇丛生的沼泽。要从这样的地方看出前景来确实需要不一般的高瞻远瞩。地理环境也许决定了命运，我们却不能假定人们对此的理解和判断是一致的。两个人对江户的设想天差地别：秀吉判断，人口稀少、缺乏自然泉水的湿地是一个偏僻乏闷的神弃之地；家康则预见到，这片土地被巨大的海湾环绕，可通航的河流体系经由此处注入海湾，这样的条件适宜发展一座令人目眩神迷的新城市，一座军民两用的堡垒。

与世上所有说一不二的城市建造者一样，德川家康拥有一个工程师的思维方式。他的目光扫过虫蛀的渔棚、盐蚀的港口建筑、爬满白蚁的仓库，还有通向被煤烟熏黑的太田堡垒大门的腐朽阶梯。换了别人只会说这是个什么乱七八糟的地方，他却预见了广阔前景，预想了一座伟大城市的基础设施。雄踞关东平原入口，连通海洋，又靠近日本东部最大水道利根川的河口，即使不怎么聪明的人也能看出这种地理位置的优势所在。此外，位于海湾湾首的位置也会使建在此处的城市易于防守，而且相比其他朝海定居点（比如附近的镰仓），它遭受风暴袭扰的可能性也更低。

1600 年，在赢得了关原之战后，德川家康逐渐在丰臣秀吉之死（1598 年）引发的权力斗争中脱颖而出，成为幕府将军。没有人敢质疑家康对整个国家的掌控，京都中只留下有名无实的天皇与衰朽的朝廷惶惶不可终日。他首次正式入城最早可能发生在 1590 年至 1600 年之间的某个夏季；鉴于当时的佛教寺庙是高级别访客们常用的寄宿地，他或许在一座佛庙中度过了他在城中的第一个夜晚。由神道教及佛教的神职人员为新城市及统治它的军事政权背书，对城市的合法性是至关重要的。与罗马那些非主流宗教的教士类似，这些神官与和尚提供的宗教服务包括祭祀仪式、丧葬程序以及重要的祝圣与开光。这些工作赋予神职人员仅仅略低于武士阶层的地位。

当时的日本社会可以说是世界上有史以来管理最完善的封建社会之一，而其具有的社会等级秩序正是江户城的物理结构的蓝本。这一点对德川家康来说是非常重要的。他的总体规划需要严格的社会与职业阶层：农民、工匠和商人。不同社会阶层成员之间的通婚是非法的；除此之外，改变职业也是非法的，至少在理论上是非法的。

在拥有房屋的商人一族与租住房屋的仆役阶层之下，还存在着被社会排斥的族群，名为“秽多”（指从前在日本被隔离的游民阶级）和“非人”。歧视的影响扩大到了准予他们生活的区域；大名和武士是从不会涉足这些地方的。放逐者们的服装与发式都必须是实用、不惹眼的。他们居住在城市边缘的小村庄里，从事最繁重、最令人厌恶的工作：屠宰牲畜、制革、挖掘沟渠、处理尸体、在刑堂和刑场帮工，还有一些人在街头卖艺、占卜、做盲人乐师或者流浪乞讨，勉强度日。

在平原之战取胜之前，有一些领主就冒着失去财产与生计的风险支持德川家康，他们被称为谱代大名（参与幕府统治的世袭领主），共176位。家康将江户城堡庇护下的一块块品质上乘的土地分配给他们来建造庄园。86名没有足够远见与家康联合的贵族被称为外样大名（不得参与幕府统治的领主），他们将居住在边远得多的地区，在那里，忠诚与顺从相伴，共同成了他们的生存之道。与所有独裁者一样，家康无法信任自己的臣民，他的这种性格反映在了一种叫作“参勤交代”（交替居住）的复杂制度里。这种制度要求所有大名要有两处居所：一处在江户，另一处在他们领地所在的州郡。他们必须在江户的居所住上一年，之后的一年则返回领地居住。同时，一半的外样大名必须在每年3月回到江户，而另一半在同一时间返回原籍。这一规定强化了家康分而治之的策略。谱代大名则在每年8月进行一轮交换。大名们离去与归来的仪仗队伍要能展示排场和炫耀财富，而这些都花销不菲。家康进一步为大名设限，要求将他们的配偶、子嗣和法定继承人永久性留在江户居所，作为防止他们造反的保证。为了保险起见，幕府在通向江户的主要路线上树立起屏障，严格执行“女不得出，兵不得入”的规定。

为了确保大名们没有足够的资金购买武器和发动叛乱，幕府还强迫大名在江户时过纸醉金迷的生活，供养数量庞大的扈从与随员，并且居所的修建风格也得体现早前桃山时代更尚奢华的审美。在最行之有效的传统——威胁——的作用下，参勤交代的真实目的从未被公开道明，然而所有人都对家康的意图心知肚明。这套系统把江户牢固确立为国家事实上的王都，与帝国的都城京都遥遥相对，从而将这座军事城堡变得无懈可击。

人们痴迷于安全，决意建造一座任何潜在攻击者都无法撼动的堡垒，于是陡峭的城墙将被用来直面环绕城堡的护城河上隆起的高地。用来筑造和加高堤岸的花岗石和火山岩来自江户以南约85千米的伊豆半岛。总计近3000只船舶将这些石块运抵码头并在那里卸货，随后劳工和牛车组成的队伍轮换着将石块拖走。劳工们在体积较大的石块底下放置了海藻以方便移动。受雇给他们加油鼓劲的流浪乐师们吹奏着海螺壳，敲打着太鼓，跳着模仿

“南蛮”（当时对欧洲人的称呼）的滑稽舞蹈。

城堡的内城墙由石块垒砌成的巨大墙体构成。这些石墙向内凹陷，朝着护城河弯出一条条优美的曲线。种植在防御工事顶端的松树被仔细地调整了姿态，向弯曲的石墙外倾斜，在水面上投下它们的倒影。水道、随潮水涨落的护城河、房屋和街巷共同构成了“城下町”，它们如同众星拱月一般围绕着中心的江户城堡，为其提供了寓意与实质的双重保护。历史上并没有发生过什么事件能测试城堡是否真的坚不可摧，但是从它的规划可以看出，其构造严丝合缝，防备之严密不输于任何萨拉森堡垒*或清洁派要塞**。

江户城堡不仅是早期城市在地貌上的中心，而且也是它的神经中枢。在整个城市的布局中，城堡的战略位置凸显了它在城市生活中的中心地位。到了1640年，江户城堡终于竣工。它的首要地位在城市的地图中得到了强调：它永远出现在地图的中心，占据着江户的大部分高地。地图上以垂直书写的表意文字（一种用象征性书写符号记录词或词素的文字体系）来代表场所与地点的名称，这些名字的位置与方向反映出对应场所与地点所具有的威望。从制图上来说，佛庙与神社的高地位意味着它们的名字将会以面向城堡的方式呈现；同样道理，私人住宅和店铺则会依照其地位被描绘成背朝城堡的样子。

城堡与护城河共同组成的形状与对数螺线类似。这种形状与

---

* 萨拉森指的是中古时代所有的阿拉伯人。——编者注

** 清洁派主要指中世纪流传于欧洲地中海沿岸各国的基督教派别。——编者注

神道教中一种源自道教阴阳图的神秘形象有关，代表着支撑宇宙运行的两种对立力量之间的和谐统一。江户城堡与环绕它的下城的设计之所以偏好螺旋，或许是为了给难以撼动的政治体制再筑一层金城汤池；然而，螺线（城市的能量流）的方向远不是远离中心那么简单。中国的风水堪舆决定了原则、象征与朝向如何影响建筑布局的吉凶。东边的青龙位是个麻烦，需要布置一条水道，隅田川正好提供了这样一条水道；西边的白虎域要求建设一条主路——东海道这条主干道已经就位了；南面的朱雀起兴之地需要建一个水塘，要满足这个要求需要一些创造性的思维，不过人们在江户湾的水域中找到了替代品；北方玄武栖息之地必须有一座山，然而唯一的选项是西面的富士山。于是，人们将城堡正门（大手门）的朝向从南调至北，解决了这个问题。如果把城堡看作一个罗盘，那么它神圣的最高点就可以被认为占据着正北的坐标。根据风水的要求，江户城必须在地图上重新定位（即将它逆时针旋转超过90度），使得富士山事实上的西南偏西方位与北方之神玄武一致。

出于对强化城市以抵御邪恶势力的渴望，风水的考量持续在后几代幕府将军对城市的构想中占据着一席之地。1624年，第二代将军德川秀忠请求在当时颇具影响力的天海僧正在上野的东北部建一座寺庙。寺庙所在的位置乃至整个地区都被认为是邪恶涌出的源头。为了锁住被称为“鬼门”的邪恶之力的出口，天海建造了宽永寺。后世的幕府将军们前赴后继地扩展着这道屏障，至1700年为止，该地区的宽永寺子院不少于36座。

邪恶力量是对角流动的，这就需要在东南处建造另一座寺庙来与宽永寺配对。依照这些信仰，1598年，宏伟的净土宗寺庙——增上寺——落成于芝区。在寺院鼎盛时期，它必然拥有极其壮观的建筑群落，包括48座子院和总计超过100间的殿堂。寺院落成之时，德川将军们的陵墓分列在它的两侧。这些陵墓建筑由内到外都是上了大漆的门扉和精雕细琢的彩绘横楣、屋檐、横梁，它们无一不彰显了德川一族对于精巧的偏爱。这些特征不仅在他们的私人住宅和艺术品收藏中表现得十分明显，而且在栃木县日光城内为德川家康修建的巨大神社和陵墓中也有所体现。

所有大名，无论得宠与否，都被要求为这些雄心勃勃的建设项目提供劳力、资金和原材料。耗费了数十年时间才完成的江户城堡工程尤其如此。幕府首领可以从大名是否服从命令看出他们是否真心效忠。将军的谕令既建造了城市，也颁布了政策；城市依谕令而建，城里的政策也依谕令而定；将军要求建言献策，而提供建议的只能是他视为绝对可靠的忠诚的人——谱系大名与他们的近臣。城堡东缘的日比谷湾口被从神田骏河台山上带到北方的土壤填平。要完成城市水系的建造，就必须完成一项项工程技术壮举，让河流和水道转向以构成运河网络和内外护城河。神田川被指定为环绕城堡的护城河的水源，它的这一功能在今天仍然发挥着作用；山手地区高地上的土壤被移至北部和西部，制造了一个个堆填场；一条名为土山堀（土山运河）的水道被开挖出来以运输建筑材料。家康利用城堡的建设来测试支持者的忠心。对于他觉得会构成威胁的人，他便进一步要求对方在今后花费大量的物质资源和徭役配额，从而将其金库消耗一空。这就是一个以“天下复兴”（即国家建设）为名的庞大土木工程建设计划的全部。

在通航水道全线贯通且安全得到保障之后，开发一些实用业务以确保源源不断的饮用水供应成了江户的当务之急。人们早先尝试过在这座沿海城市钻井，但最终只成功打起了咸水。长度达17千米的供水系统“神田净水”包括了超过3600根子导水渠。系统的地下部分使用的管道由中心掏空的木材制成，这些管道将水输送至公用水井。这个系统运行于宽永年间（1624—1644年）。它是一套极其出色的系统，远胜同时代欧洲城市中的许多骇人听闻的饮用水管理措施。然而，随着江户人口的急剧扩张，神田净水的供水能力很快就无法满足人们的用水需求。

1652年，在西多摩区，当村民们正忙于为各种建设工程生产石灰之时，第二套供水系统“多摩净水”的建设开始了。两年后，这套长达80千米的系统投入使用，成功将淡水输送到了城市的每一个角落。人们采取了更多措施来提高江户供水的水质，包括移除沿岸随意搭建的茅厕棚屋和禁止往河里倾倒垃圾。

风水改良和河流改道之类的问题一经解决，城市规划者们就将注意力转向了居民的来往交通。参勤交代这种交换居住制度意味着前往江户的道路总是忙碌的，而且需要在城市周边设置数量众多的驿站。新宿有通向西边的干道甲州街道，千住则有通向北面的日光街道。部分国道从护城河内呈放射状向各地延伸：南面的东海道、西南方向的奥州街道、通向西面的甲州街道以及东北方向的中山道。护城河或公路在城中心相交或部分重合，成了这座城市最与众不同的特征之一。升级后的交通系统不仅为大名的随从腾出了空间，还促进了官吏、商人与货物的往来并增大了去圣地朝圣的人流量。

大名和武士家族的住宅占用了70%的江户土地配额，远超其人口占比；寺院与神社大约占城市土地的14%；留给平民建造住宅和商铺的居住用地只有16%，而平民的人口数量远超前两者。许多家财渐丰的商人家庭有能力在这小部分土地上置宅开店，但江户的仆役阶层只能在城市的背街小巷中租用排屋。

这些“裏长屋”（大街后陋巷里的大杂院）通常被分隔成一个个生活空间很少超过3平方米的居住单元。狭长的厨房及进屋的通道为房间又增加了几块地板的面积，尽管这些多出的空间要比主楼层略低一些。一个平民家庭的所有成员也许都居住在这样一个单间里。许多独居男人也住在这样的房屋里，他们需要供养在乡村的家庭。这些单身的房客大多数是生活在社会最底层的人，靠着卖艺行乞、做工和帮人小修小补勉强过活。不过，他们之中有时也会有穷困潦倒的浪人（无主的武士）。公共设施包括了垃圾场、厕所和洗涤用的水井。垃圾堆引来了老鼠，从小巷中穿过的小河被当作了开放式的阴沟，它们在某些情况下距离住宅的木隔板还不到一米。长屋内的睡眠环境极度憋闷。在如此狭窄的空间内，当以菜籽油和植物蜡为燃料的油灯点燃之时，过热的空气足够令人窒息——尤其是在潮湿的夏夜。人们也没有睡衣，他们穿着日间的衣物睡觉。

充沛的水资源在平日里是一份财富，有时却能导致卫生问题恶化。隅田川在正常年份里一年会发两次洪水。它的洪流把沿岸地区变成了发臭的泥沼。运河、池塘和水洼是蚊子的完美繁殖地。在夏季，从中诞生的大片蚊虫让整个城市不堪其扰。昆虫与啮齿动物在卫生状况堪忧的鱼市里成群结队地游荡。在这种卫生条件下，麻疹、天花和脚气之类的流行病如此普遍也就没什么可奇怪的了。其中，脚气病的主因是始终以精白米为主食导致的营养不良。这种病在江户长期存在，因而有了“江户病”的称号。

富有的商人、店主以及买了寺庙彩票中奖的少数幸运儿能住上两层楼的住宅。这些房屋的临街面对着更宽的街道，拥有更好的采光。它们覆盖着瓦片的屋顶在一定程度上可以防火；压碎的牡蛎壳与墨汁、石灰混合在一起，烧成灰烬，然后被涂抹在房屋的表面。随着时间的推移，抹着石膏和泥灰的墙壁历经风吹雨打，被磨得光滑可鉴。无怪乎当时频频可以见到女人们在这些能模糊地照出人影的墙面前驻足打理云鬓。尽管在贵族和武士阶层眼中，商人被看作“守财奴”，为两者所不齿，商人却供给城市之所需，是城市至关重要的一员。

1606年，家康担任幕府将军之后首先采取的行动之一是下令在城堡庭院建造茶花园（位于现今的二之丸庭院）。湿润的空气、丰沛的降雨以及慷慨划拨给大名的大片土地，都是贵族们创造一处处“闲庭信步之妙处”的理想条件。一个个池塘被开挖出来用以人工造景，潮水上涨时它们会被海水填满，潮落时多道水闸很好地保持水位。今天我们仍然可以看到其中的一些庭院，比如滨离宫恩赐庭园和旧芝离宫恩赐庭园，尽管它们的规模缩小了一些。

相比美丽的庭院，江户刑场就不怎么入得了眼了。死刑通常由位于小传马町的城市监狱执行。其中火刑与磔刑（古代一种酷刑，割肉离骨，断肢体，再割断咽喉）仅限于在品川附近的铃森刑场执行，曾有约15万名罪犯在此被处死。罪犯先被放在马背上游街示众，然后被绑在木制十字架上，随后他们将会被长矛从侧面刺穿。这一行刑流程直到19世纪中期还在使用。十字架上行刑的场面与基督教圣经中各各他（骷髅地）山上的并没有什么区别。将人活活烧死的柴堆和将人一次次刺穿的石台被保留到了今天，成了过去公开展示处刑过程的见证。刑场位于东海道这条主干道边上，以提醒来往的旅人们那些罪犯的命运。他们所犯的罪行让他们被社会与家庭放逐，不配在寺庙里的家庭墓地中被体面地下葬。

另一个刑场存在于城市东北部的小塚原地区，靠近南千住和一个叫作“山谷”的临时工聚集区。据传，超过20万颗被斩下的头颅曾在这里被挂在高杆之上示众。1651年，就在小塚原刑场设立不久之后，当地树立起一座地藏菩萨（死胎、旅人和地狱中受苦灵魂的保护者）的塑像用以看守刑场，这座雕像被称为“斩首地藏”。小塚原是一个愚昧落后的地方，阴郁、颓废以及那股如同坟墓里散发出来的味道至今仍然萦绕在这片地域盘桓不去。无论是罪犯还是普通市民，处置他们尸体的工作都落到了身为“弃民”的非人与秽多身上。如今，人们会悄悄地用“部落民”来影射这些人的后代。他们现在仍然居住在原来的土地上，即现今城市东面的台东、荒川和墨田等区域。那里是小工厂、火葬场和皮革加工铺子的集中地，部落民们在这些地方干着传统上分配给贱民们的活计。

让我们中和一下这些令人不快的场景。富士山矗立在日本桥东南面 100 千米处。它以若隐若现的方式出现在那些压缩了透视感的当代印刷品上，是江户风景最主要的特征。城市与富士山的紧密联系源自它影响深远的象征意义：全心全意崇拜着富士山的宗教教派们践行着各自不同的观念与教义，而这座山则是这些复杂的宗教理论与实践的共同核心。在江户时代早期，这些准宗教派别中占主导地位的是“修验道”，即山中苦行之道。人们从未怀疑过富士山是最接近天国的至高之处。作为这种超然性的体现，江户数量过多的神社全身心地侍奉居住在山上的神祇。在每一处礼拜场所，庭院内总有一座微型的富士山。无法前往真山朝圣的信徒们会攀上这些小山进行祈祷。在“开山日”，祈求者们将在这些按大致比例缩小的玲珑石峰上对着升起的朝阳祷告。

1616 年，德川家康逝世——与威廉·莎士比亚同年——正如这位诗人一样，德川家康在一生之中完成了许多了不起的壮举。17 世纪 50 年代，江户拥有近 50 万人口，成为日本最大的城市。在外来人口中，除了来自其他城市和农村的移民之外，还有一小部分来自外国。他们是早期中国佛教徒抵日之后第一批到来的外国访客。荷兰贸易商的活动范围被限制在长崎一处名为出岛的人工岛屿上。为了维持贸易，他们尝遍了所有想得到的羞辱手段。在 1660—1790 年间，他们每年必须派代表团前往江户；在那以后，朝贡之行变成了每 4 年一次。德国博物学家和医生恩格尔贝特·肯普弗曾受雇于荷兰东印度公司在 1690—1700 年间逗留江户。他于 1792 年出版的遗作《日本史》中有这样一段有关外国访客来到江户城堡履行年度访问义务时，幕府要求他们行古怪的跪礼的描述：

> “在船长出现的瞬间，一个装模作样的嘹亮嗓音叫唤了起来：‘和兰甲必丹（荷兰船长）！’这是一个让他上前表达尊敬的信号。接下来，他将会双手、双膝触地，先匍匐至展示荷兰人带来的礼物的地方，再到达幕府将军的高座之下。在那里，他蜷缩着两腿，低头碰地，然后像一只龙虾一样慢慢爬回去，整个过程从始至终没有任何语言交流。”

这套流程相当令人不快，但荷兰人希望讨得将军欢心从而保持在贸易中的优越地位，所以还是勉为其难地满足了这样的要求。

另一件事给人的感觉则不那么像是在表演哑剧：幕府要求荷兰使团每年提交一份关于日本疆域之外的世界大事与各国发展的报告。荷兰人如期地完成了这项嘱托——年度报告的提交一直持续到 19 世纪中期日本锁国政策结束之时。

出光美术馆现在收藏着一组四扇相连的金叶屏风，名为江户名所图屏风。对于早期荷兰人朝贡时访问的江户城究竟是何模样，我们能从屏风画上得到一些启发。除了江户城堡之外，屏风还描绘了能剧演出、净瑠璃木偶（史诗类叙事戏剧专用）所表演的叙事短剧、新桥地区的帐篷杂技以及浅草寺一年一度的节日场景。这幅图景是对现实的高度压缩，却折射出了一座活力四射、在文化上充满阳刚之气的城市的真实样貌。

随着城堡周边的区域逐步演变为城市中心区，两处有所差异的市民集聚区开始萌芽。首先是城下町，这片以日本桥和京桥为中心的区域很快就聚集了大量的商店与企业。1662 年，大型的日用品商店白木屋在日本桥开业，逐渐发展为成功的商业连锁店，成为今天东急百货的前身。17 世纪中期的地图显示，该地区当时呈现出一种直线网格化的布局，但是这一体系很快就会因为市区毫无规划地随意发展而不堪重负。第二块区域在隅田川沿岸发展起来，当地人以小商贩和定居于此的职人（手艺人）为主。这些密集的商业活动以浅草地区为中心，其与最初的城下町的北部相邻。

号称“东方之路”的东海道终于帝国都城京都，始于日本桥。有四条主干道发源于这座桥。日本国道路元标至今仍留在桥中央，所有的道路以其为原点开始测量距离。公告板被放在通向桥梁的主路上，使这里成了信息的发布口。在大桥的南端可以看到戴着手镣脚铐的性犯罪者和通奸者，他们之中做过神职人员的数量异常之多。示众所带来的羞辱实际上既是一种惩罚，也是一种忏悔。杀人犯被活埋，只有脑袋露出泥土。一把锯子就放在附近，很方便就能拿到。路过的人如果真的想，可以捡起锯子割下对方的头颅，这颗头颅之后将会被挂在桥尾的长杆上。这可怕的死亡之影——迅速腐烂的头颅和它们被乌鸦凿去的双目——对潜在重犯有强大的震慑效果。

关东平原易受干燥的冬季风影响，而江户又有大量的木结构建筑，极易发生火灾。1657 年 1 月 18 日爆发的明历大火是同时代最著名的火灾之一，它摧毁了江户近三分之二的建筑。这场大火的另一个名字“振袖大火”更为人所知。起因是本乡的本妙寺为一件和服举行的一场驱邪法事。曾有三位年轻女子得到过这件和服，却都在穿上它之后英年早逝。在仪式中，一阵风吹过，和服的灰烬落到邻近佛堂的屋顶，引燃了一系列的大火。在西风的助力下，火势蔓延到了相邻的汤岛和骏河台地区，紧接着相继烧毁了日本桥、佃岛、木挽町以及位于浅草的重要米仓。大火曾暂时熄灭，但它在武士街区小石川复燃并继续扩散，摧毁了江户城堡和不计其数的武士住宅。是夜，更多的火焰在糀町地区熊熊燃起。

烈焰刺穿了江户城堡里的大片空地，烧毁了主楼，熔化了地窖中储藏的所有金子。城堡的内墙，还有装饰其上的著名宫廷画师狩野探幽的无价之作，统统被付之一炬。在振袖大火中丧命的还包括位于小伝马町的城市主要监狱中的囚犯们。囚犯与狱方本应达成共识——囚犯们被放出监狱，然后在约定的寺庙处集合。然而不知何故，在大火来临之际，这个安排被搞砸了。监狱方坚持认为囚犯们试图逃狱并将在城中劫掠，所以将监狱大门紧闭。这个举措最终导致超过 2 万人死亡。

肆虐了两日的烈火夷平了 930 座大名宅邸、350 座寺院和神社、1200 座商人住宅和 61 座桥梁。火灾的受害者据估计在 10.8 万人左右，而当时整个江户的人口不过 30 万。冬日燃起的这场大火将人们逼上了绝境，灾后的第二天下了大雪，在天寒地冻中，幕府立刻从粮仓调拨了救济粮进行发放，但许多人仍然死于饥饿和低温症。

如果两幅折叠屏风上（雪松图屏风和江户名所图屏风）的精细画作以及早年留存下来的宽永年间（1624—1643年）的江户地图是准确的，那么大火后重建的城市确比之前的城堡少了几分繁华。灾后重建所基于的更多是实用性而非美学。重建工程要求建造更宽的街道和防火隔离带，并设立项目资助商人们对住宅和仓库的屋顶进行防火处理——这些都彻底地改变了城市的面貌。木匠、锯工和泥水匠在这座仍然极易着火的城市里发挥着巨大的作用。大火烧焦的土壤被收集起来，人们用它填平了不少沼泽，围垦出了新的土地。两国桥——江户的“国际桥梁”——建在隅田川之上，借由这座桥，城市东侧的土地被有效地与城市主体相连，从而成为城市的一部分并得到了进一步的发展和利用。贮木场从八丁堀搬迁至深川，这片位于河流东岸的区域据说没有那么容易发生火情。此时的深川比沼泽好不了多少，而贮木场的转移相较于这一时期发生的其他变化——东进运动、下町的扩张、更多的填泽造地、码头和堆货场的建造——也不过是锦上添花罢了。一切几乎不停地在重建。这样的重建需求让像纪伊国屋文左卫门这样的杰出伐木业巨头获利颇丰。这位“伐木业之王”自己的宅邸与河流的距离恰到好处，从而能将淡水引入他的庭院之中。

江户没有被火灾吓倒。相反，城中的人们开始了崭新的生活。事实上，城区的规模得以扩大，灾前的乡郊住民现在变成了江户城市大众的一分子。要生活在日本最具文化活力的城市，总得付出一些代价，火灾就是其中之一。永远积极向上的市民们甚至决定为大火找出些诗意的优点，称这种周期性的火灾为“江户の花”（江户之花）。活力重新在江户市民们的血脉中流淌，他们干劲十足，叛逆难驯，时不时地与官方制定的最优规划争夺着城市重建的主导权。比如说，为了制造防火隔离带，政府清空了日本桥和江户桥之间的大片商户住宅；然而没过多久，小吃摊、说书场子、随用随搭的茶屋以及大多数人以为是“射箭场”的帐篷——它实际起着妓院的作用——开始沿着新近拓宽的江户桥路星罗棋布。尽管防火隔离带项目的好处不言而喻，但遇有上述这种情况，它也再发挥不出什么作用。

在一座在大火面前如此脆弱的城市中，用死刑来惩戒纵火行为并不会让人意外。1682 年冬季，江户城爆发了“天和大火”。经营“八百屋”（蔬菜水果店）的太郎兵卫一家受火灾波及，被迫到附近的圆乘寺寻求庇护。这家人的女儿于七在那里秘密地爱上了寺院中的一个年轻杂役，而这场爱恋最终导致了她的死亡。大火之后她家重建了店铺，但她拒绝回家并冲动地点燃了自己的屋子，希望能再次被送回寺庙。她没有如愿，被当场抓获并投入了监狱。因为她还未满 16 岁，她的死刑本应减至终身监禁，然而，她无法想象与心爱之人离别，便将自己的年龄改大了一岁，如期地接受了死刑。她被引导着穿过一条条街道，并无悔意，也似乎毫不担忧在铃森刑场等待着的可怕命运。她的举止风采赢得了旁观者的心，就像许多流行小说的女主人公一样，随着时间的流逝，她的故事被后人加以润色并添加了额外的细节。

火焰在某种程度上也与佛教概念“浮世”（悲凉人间）密不可分。它描绘了生活短暂无常、充满悲伤的一面。在与英格兰的王政复辟同时代的元禄年间（1688—1704年），矫揉造作、浮夸浅薄的风气盛行。生活在这一时期的商人和工匠修改了浮世的意义，将之从“悲凉人间”变成了“浮华之世”，从而让人联想到一个充斥着声色犬马的享乐主义王国。

明历大火之后，幕府认为戏院以及娱乐行业聚集的地方是“恶所”（伤风败俗的场所），便将城市最大的游郭（红灯区）吉原从城堡东边移走，搬迁至东北面的浅草，希望相关产业渐渐没落下去。令他们懊恼的是，浅草位于隅田川沿岸，这意味着乘船便可轻而易举地沿河进入山谷堀（山谷运河），然后从那里进入游郭。在柳桥（位于神田川的河口），人们可以登上一种叫作猪牙舟的船前往游郭；然而，颇有商业头脑的当地人很快把该流域变成了无照游郭，免除了那些口味不怎么挑剔或荷包不怎么充裕的人逆流而上前往吉原的需要。吉原的妓馆主人现在相当高兴，因为幕府允许他们彻夜营业，这也使得游郭被称为“不夜城”。它太过兴盛，游女（妓女）的数量在1780年超过了4000名并仍在逐渐增长，到了江户末期的1868年竟超过了7000人。

令统治精英惶恐的是，这些烟花柳巷竟然让社会变得“人人平等”起来——它们的客源既包括住在山手的武士阶层，也有覆盖了下町的商人和工匠们。进入游郭的唯一条件是支付入场费。在那里，不论来者财力多少，都可以找到相适宜的服务。除了放纵肉欲的妓馆之外，那里还有居酒屋、餐馆以及在游郭入口附近售卖“编笠”的商店。编笠是一种稻草制成的宽檐帽，购买对象是某些不希望自己的身份被察觉的游郭来客，比如武士和神职人员。但游郭缺少行为标准和决定阶级关系的严格社会准则，这令幕府越发感到担忧。

皮肉生意也有等级秩序，最低等级的愉悦提供者被称为女郎，她们的服务快速利索，也没有爱来爱去的表面功夫；那些更美丽的高级妓女——太夫——提供的服务则更缠绵久长，体贴入微。太夫擅长以妙语和双关巧言应变，并且精通插花、香道、侍酒、歌舞、俳句、算命和弹奏三味弦。肉体的欢愉就像服下一剂猛药，是保证客人再次光顾的最后极乐，即使这种流连往往会毁了一个人。

作为美丽、高贵象征的太夫身披华美的和服，衣袍的外轮廓因为绣满了金线而变得僵硬；她们的唇上涂抹着红花汁制成的胭脂。红唇之下，常常可以看到染黑的牙齿——当时的人们将铁屑和铁钉浸泡在茶水和米酒里并捣碎，制成染牙的粉末。用闪闪发光的荧绿色唇脂涂抹下唇也是曾流行一时的醒目时尚。太夫的脸、颈和手的皮肤上都被发亮的白色妆容遮盖，让她们不似尘世之物。可以说，她们更像是粉饰过的圣像，只是这些圣像的力量并非来源于精神信仰，而是情色肉欲。小说家生山写道："太夫身穿着锦缎所制的打褂，上面纹满了华美的刺绣。玳瑁制成的鲜亮夸张的栉（大梳子）、笄、簪子装点着她的头部，一根根自发髻向外伸展，看上去就像圣人的光轮。"讽刺类文学作家井原西鹤则用他的所闻所见来提醒人们要引以为戒："这些高级妓女的服饰设计得别有用心，那些双绉所制的红色内衬会随动作敞开，惊鸿一瞥地露出雪白的脚踝，甚至大腿。当男人们看到这样的景象，他们会变得又疯又蠢，将身上的每一分钱财挥霍殆尽，哪怕这笔钱是受人之托也在所不惜。”太夫，神圣而昂贵之美的象征，最终将一手缔造自己的消亡。

无论对客户还是对皮条客来说，价格都是重要的考量因素。人们大量地涌入河东的深川，在新建的仓库和贮木场中工作。这个城区不在江户地方官的管辖范围之内，男人的数量又远远超过了女人。在这样的地方，增长的人口为一座消费价格比吉原更亲民的无证游郭创造了需求。寺庙与神社的建立刺激了当地的商业活动。雇用年轻女人的商店和茶屋很快便如雨后春笋般纷纷涌现。在游郭的背街小巷中，许多低级游女被沿街展示，她们坐在“张见世”（一种格子窗）之后，为人所见。

还有一种满足囊中更为羞涩的旅人所需的同级服务出现在新宿。这里是从江户到长野和日本海的西向驿路——甲州街道的西行第一站。1698 年间开办了一些供旅客住宿的临时旅笼（小旅馆）。它们虽说有些简陋，却还勉强合用。在这些旅笼附近，还开设了许多迎合住客所需的娼寮。曾经因为其中一座接待的一名旅笼客和一名“饭盛女”发生了事故，导致这些旅笼在 1718 年被迫停业，直到近 50 年后新宿驿镇才重新开张，却自此日渐兴盛，最终发展为江户六大持照游郭之一。

疾病与死亡是伟大的平等主义者，它们对所有人一视同仁。那些以刻意培养的慵懒和傲慢著称的吉原花魁所获得的待遇，与新宿这类游郭中的下等散茶女郎并没有什么不同。无论是吉原最高级的美人，还是不怎么上得了台面的游郭中的流莺，都长期受到性传播疾病的困扰；大多数低级游女死去的时候不过 20 岁出头，没有人会为她们哀悼。位于三轮（东京东北部的一个工薪阶层聚集区）的净闲寺里埋葬着超过 1.1 万具年轻女人的尸骸。她们在城中的烟花柳巷里绽放、凋零，最后腐朽于同一座平凡而未刻名姓的坟墓中。妓院的佣工将尸首从寺院的围墙上投入寺中，以至于净闲寺拥有了一个更有名的称呼——“投入寺”（遗弃废物的寺庙）。佣工们相信这些游女的亡魂会回来缠着对她们尸体不敬的人，于是尸体在被扔过寺墙前有一条草席裹身，尽管同样的习俗也被用在死去的牲畜身上。

这些游郭和它们如流水般去了又来的女人们提供的远远不止酒池肉林本身。剧作家、艺术家和诗人在游郭中找到了无尽的题材。尤其是吉原，它并非以性为主旋律的大众后宫，而是另一种文化的中心。颓废唯美主义和相应的审美偏好是这种文化的主要特征，而这个城市中最伟大的艺术家们也曾将这种审美情趣描摹刻画于他们的作品中。游郭哺育了穿衣打扮的时尚，它的语癖和举止做派也被广泛效仿。

老派画家们对游郭这种题材唯恐避之不及，尽管它们的存在不仅是为了性的满足，更是孕育文化的温床。这种文化创造力让贵族阶层资助的艺术无所适从。在游郭内外出现的都市风格代表作品被挖苦嘲讽，与狩野与土佐画派的文雅之作较短比长。浮世绘最早的践行者之一菱川师宣的横空出世，让精细的商品化木版印刷画开始兴起。菱川师宣靠创作吉原之体（吉原的各种场景）和其他情色类版画作品一举成名。

他的早期版画只有单色墨线，但不久之后各种颜料便被添加于画作之上，为铃木春信等艺术家创立色彩鲜亮的锦绘埋下了伏笔。江户繁复而又充满生机的街头生活吸引了菱川的目光，他于是在《职人尽图卷》中为普通的城镇居民们创作了高度写实的影像记录——商人和鱼贩，售卖蛤蚌、年糕和豆腐的小贩，洗衣妇，采盐工和神官，药材商和游女。

身着华服，头戴假发，脸上覆盖着过多妆容的歌舞伎演员是上佳的版画题材。“歌舞伎（妓）”一词曾暗指性交易执照，而到了17世纪早期，它成了“非主流”的同义词。这些能言善演的男性歌舞伎者身着艳丽的服饰在城市中四处闯荡，广受寻欢作乐的城镇居民们喜爱却唯独冒犯了当权者。由于早期的女性歌舞伎剧团与色情行业联系在了一起，当局命令要由“若众”（年轻男性）来扮演女性角色。在江户这座迷恋风尘的城市里，这不过是又制造了另一个问题——观众中的佛教僧侣与武士开始为与他们亲密的年轻美伎争吵不休。自此以后，只有年长的成年男性才能扮演女性角色。

江户的第一家准许营业的歌舞伎剧场于1624年在中桥建成，然而由于邻近江户城堡，它被搬迁到了祢宜町（现在被称为人形町），接着又搬到了坂井町。到了1714年，这个地区有三家主要的剧场：市村座、森田座、中村座。观众席昏暗无光，一根根蜡烛点亮舞台，蒙着黑布的工作人员在阴影中穿梭移动，观众甚至不曾察觉。每当需要以特效来增强演出的戏剧性或表演鬼故事时，演员们通过地板上的活门突然出现在舞台上。小男孩拿着点燃的蜡烛，站在歌舞伎者身前，烛光自下而上地照亮了他们惨白的面容。板蜡、茶花发油、女人脂粉和烟草云雾的气味铺天盖地，再加上紧凑摆放的座位，足够带来一次令人窒息的观剧体验。剧场里没什么通风设施，这使得夏季的境况更为难熬。

市川团十郎是元禄年间（1688—1703年）歌舞伎者中的领军人物。团十郎是炫技性荒事的大师。这种风格“粗犷”而豪迈的歌舞伎动作能够体现其所饰英雄角色的勇猛或鬼神之貌。特定纹饰的和服、红绸内裤和刺眼的红白妆容丰富了他阳刚而充满张力的表演。团十郎的这些演出技巧和装扮一直传承了下去，时至今日他仍然是歌舞伎者们的守护神。

由于纸张成本的下降和识字率的上升，那个时期的图书出版行业蒸蒸日上。图书商人于1650年前后出现，此后公众对绘本、儒家思想和道德品行相关的学术著作、旅志游记和文学作品的需求日益上涨。此外，通俗小说、乐谱、俳谐连歌、游郭主题的木刻版画、游郭导览指南，以及“（荷）兰学”中的解剖学论文也同样需求巨大。渴望学习西方药学和外科学的医师对最后一类印刷品极为感兴趣。如果没钱在一家备货充足的江户书店里买本书，还可以付一笔小费用，从背着书箱的流动书贩那里把书一次借上5天。至19世纪30年代末，在江户出借图书的书贩超过了800人，江户的识字率在当时排名世界前列就不足为奇了。

然而，写作可能会让你陷入巨大的麻烦中，尤其是当你冒冒失失地去嘲讽当局的时候。18世纪后期，像宽政改革这样的保守主义政策和法令中通常都包括了颁布新的审查法律。此外，这些改革中也会采取一些措施来劝阻武士阶层涉足小说的撰写。

文学活动的剧增代表了一种文化上进步。这一点体现在了伟大的俳谐诗人松尾芭蕉身上。1680 年冬季，这位诗人的一个门徒在隅田川的东岸为他盖了一幢简陋的茅草屋。茅草屋建在做木材生意的富商杉山杉风的土地上，屋外迎面便是从东京湾吹来的海风，台风时常来袭，海啸定期光顾。那时候的深川不过是在填海而成的三角洲上建立的城乡过渡区，当地没有自然泉眼和含水土层，只能用船运来淡水。诗人的笔名取自其弟子所赠的芭蕉（香蕉）树。他曾这样写道，在他的印象中，芭蕉之叶“或大半吹折如凤尾，或全叶破败似青扇”，似乎正应了他本人简洁、质朴的美学。此外，他指出芭蕉是木而非材，并补充道，“余独敬芭蕉之无用”。这位俳谐大师将自己的茅草屋命名为“芭蕉庵”。

然而，任何事物都有可能在顷刻间化为乌有。1682 年 12 月 28 日，突如其来的大火席卷而来，将松尾芭蕉所住的街区啃噬殆尽，令他无家可归；他跳进河里，躲藏在一块芦苇甸下，捡回了一条命。

他在世人认可他的作品中获得满足感，却一直无法获得与之相称的物质收入。正如他在一个寒冷的夜晚写道：

“舟橹打浪声，
冰凝愁肠寒夜泪。”

这是一个文雅过头，且穿着、审美与辞藻都有其独有癖好的时代。人们对诗句的微妙之处与象征之意心知肚明。1676 年夏天，迫于生计的芭蕉写道：

“扇携富士风，
送礼回江户。”

那些温文尔雅的读者对诗中描写的画面一目了然。当时的人们为避免双手玷污礼物而将礼物放在扇子上呈送，并认为这是上雅之姿；因此，没钱的芭蕉就将扇子带来的清凉本身作为礼物送给他的东道主。

在芭蕉的时代，河道、运河和护城河构成的复杂江户水网扮演着与路网同等的角色。水不仅仅意味着商业渠道，还是一种流动性社会生活的媒介。在高度结构化的江户阶层体系中，人们在某些区域中可获得更大自由，其代表就是像隅田川的河滨及邻近的“广小路”（开阔的街道）这样的公共集会点。河流与城市生活交错重叠是一个普通而自然的过程。河水的自然能量与江户的活力相辅相成，浑然一体。如果说江户是一座水城，它可能更接近苏州而不是威尼斯。苏州的仓库、谷仓、码头在江户随处可见，而威尼斯的宫殿——拥有巨大财富的例证——则无处容身。

和所有的河流该有的功能一样，隅田川把自然带进了城市。穿梭河上的船夫所使用的船桨仍然容易被水草缠住。直到 20 世纪初，人们仍然能在河中看到美丽的蛎鹬，并将这种白色的鸟儿称作“都鸟”。鹤也是相当常见的，在迁徙季，它们的存在为江户的河岸增添了一道亮丽的风景线。然而在冬季，幕府将军们会率众远足，来到位于新吉原西北方的三河岛以鹰猎鹤。

动物的生存与福祉在幕府将军德川纲吉的任内（1680—1709年）变得尤其重要。纲吉恰巧出生在狗年，一个为他母亲做事的僧人向这个耳根子软的年轻人进言，建议禁止杀害或虐待狗和其他动物，违者处死。纲吉于是颁布了他的“生类怜悯令”并下令在江户建设流浪犬收容区。如此一来江户的犬只数量急剧攀升，它们在夜晚吠叫与打斗，使居民们无法入眠。动物权利法令在全国颁布，但显然只在江户得到了执行，全年受审并判刑的案件共计有69例，其中13人被处决。幕府要求江户居民用“狗様”（狗大人）来称呼狗。纲吉的继承者家宣在继任将军之位后，便立刻废除了该法令。纲吉死后，江户良民们随即对他进行了报复。他们每每提及这位将军时，总以“犬公方”（狗将军）之名相称。

除了保护动物之外，纲吉进行的某些“性”趣活动也曾让江户居民怨声载道。这些活动的对象似乎取决于将军变化不定、然多以同性为主的性嗜好。关于这个话题，史书《三王外记》中非常清楚地记载道：“将军好龙阳，上至王侯卿相，下至凡夫走卒，凡貌佳者皆可入帐中。”史料记录中列出了130次类似的艳事。纲吉的身材并不魁梧：爱知县冈崎市大树寺中保存的等身碑位记录他的身高仅为124厘米。

鱼类不在纲吉的值得“怜悯”的生灵之列，这对于缺少蛋白质摄入的江户人民来说是不幸中的万幸。一个大型鱼市在芝区营业，沿着河湾一直到城堡的东南头，到处都可以找到买卖鱼货的人。一个叫作“四日市”综合市场就开在城堡大门之外，售卖着从镰仓地区沿岸进货的鱼干和腌鱼。

江户最大的粮仓位于藏前。在那里，河岸被分割成了一个个泊位，存放着从大名封地运至幕府仓库的贡粮。粮食中介能赚得盆满钵满，这些粮商们以挥霍无度著称。他们将大量财富浪费在吉原和柳桥的正规游郭中。不食用动物肉身的佛教禁忌在一定程度上导致了江户人不常吃肉。然而，有些人相信肉可治百病，他们将肉类作为“药食”服用。动物肉被称为“山鲸”，可以从猎人市场（比如说位于四谷的那家）或驹留桥周边的肉铺买到。鹿、野猪、猴子等各种各样的野味在那些地方也有销售。

另一方面，在一个超自然力量和巫卜与日常生活密不可分的世界，自然灾害被理解为一种神罚。因此一些生灵被赋予了超自然的形态和人格，是不可食用的。比如对于地震这样的地质现象，人们无法理解，所以将之归咎于一类奇大无比的土蜘蛛；在之后的岁月里，人们又认为巨大的鲶鱼在不高兴时会甩动尾巴引起地面震动，所以鲶鱼是江户地震活动的元凶。

地震通常伴随着大火。江户地区分别在 1694 年和 1703 年发生了严重的地震和火灾。1704 年发生了洪水，洪水退去之后，又爆发了霍乱、鼠疫和麻疹。1707 年 10 月 4 日，富士山向天空喷出的灰烬漂浮在城市之上，剧烈的震动把整个江户城吓得不轻。两天后，火山爆发了。火焰和岩浆从圆锥形火山口喷射而出，将江户的天空映成了赤红色。火山灰和炽热的炭渣落到城市中，白天变成了黑夜，人们由此养成了带着灯笼上街的习惯。还有些人把粗麻布放在水里浸湿再包在头上，以预防掉落的炭渣对他们造成伤害。人们纷纷涌进庙宇和神社祈求神明代为说情。毫无疑问，火山的爆发被人们认为是由治国之失、腐败与官员渎职造成的。

发生自然灾害时，将人们从穷困拥挤的下町疏散出去几乎是件不可能的任务，因为庞大的住民数量本身就是逃生的障碍。德川家康曾鼓励商人、渔民、雇工、手艺人等都移居到他的新军事堡垒中，好让他们服务于朝廷、贵族和他们的家臣，以满足这些社会上层人士的需要。1630 年江户的人口为 50 万人，而到了 17 世纪末，人口翻了一倍，这使得江户成为当时世界上人口最稠密的城市。然而，整个世界没有意识到江户的存在，也尚未发现它蕴藏的非凡物质与灿烂文化。

宏伟的东照宫是战乱与天灾的少数幸存者之一。这座位于上野公园内的神社是日本国指定的文化遗产之一。

（图片来源：Joe Mabel，CC BY-SA 2.0，3.0）

TOKYO A BIOGRAPHY

第二章 躁动不安的城市

文化繁荣——新儒学——崛起的商人阶层——绿色城市——佩里的黑船——暗杀、战争、混乱——江户的终结

1703年1月30日清晨，一场反季大雪不期而至。这天，一桩复仇事件在江户引起轩然大波，并让这座城市突然间陷入了一场关于荣誉、指责与惩罚的旷日持久的争论。在两国地区拥有隅田川亲水豪华庄园的大名——吉良义央受幕府指派，去教导年轻的藩主浅野内匠头长矩朝廷礼制的种种细节。由于没有收到他自认应得的礼物，吉良领主公开嘲笑浅野的礼仪失当之处，并将浅野逼得忍无可忍，拔出佩刀砍向了年长的吉良——这么做严重冒犯了朝廷，需以死刑相惩。袭击者被逮捕，将军德川纲吉随即命其以切腹之仪自尽。

浅野家被剥夺大名之位，财产土地充公，家臣们成了无主的浪人。浅野本家的家老大石内藏助与其他46名前浅野家臣开

始秘密谋划为家主复仇。这些浪人知道吉良的手下会严密地监视他们，于是掩盖了他们公共举止中任何一丝武士风范，干着小商人、劳工、木匠、摊贩、修补匠人的活计，完全融入了平民百姓之中。大石自己则游走于京都，在那里过着花天酒地、挥霍无度的生活，甚至竟将他的妻子和两个幼儿逐出家门，开始与一个声名狼藉的年轻情妇厮混。大石的纵情声色与明显的自甘堕落被监视者忠实地汇报给吉良，让他渐渐地放松了警惕。这是一个行之有效的计策。

比起复仇，浅野的前家臣更认为他们即将采取的行动是一种崇高的仪式。他们因而将全身的行头更换一新，穿上了白色丝绵内衣、袴裤、绘有家徽的黑色棉和服、护手、绑腿以及黑白相间的兜帽和斗篷。一些人根据古老的习俗在头盔中焚香，如果敌人砍下了他们的头颅，头盔中就会散发出香气。

1703 年 1 月 30 日的黎明时分，大石的人突然袭击了风雪中的吉良家宅。部分吉良的手下奋战到底，而另一些人则扔下武器四散奔逃，包括他的儿子在内。浪人们发现吉良的床是空的，但摸上去仍有余温。在简单搜索了宅邸之后，他们发现一间用来储存木炭的老旧棚屋，并在那里找到了他们的“猎物”。棚屋里的男人身上仅穿着一件白绸睡袍，浅野的佩刀留下的疤痕证明了此人的身份。他们给了吉良切腹的机会，但吉良拒绝了。于是大石向前一步，用浅野领主自己的刀斩下了吉良的头颅。

路面的积雪厚得不同寻常。浪人们手捧存放头颅的木桶，穿过那些大街小巷，登上渡船，终至泉岳寺下，那里满岸尽是松柏。他们将头颅在井水中洗净，端放在浅野的墓前。每一个家臣屈膝下跪，焚上一簇清香，祈求主公瞑目。仪式过后，寺庙主持邀他们进入主殿，端上了一些简单的稀粥，让他们在寺中用完了早餐。

浅野的家臣施行的“正义”之举完美地契合了武士道中的荣誉之道，那么幕府该如何就此事树立它自己的道德标准？幕府雇用了一些学者审查道德与惩戒事宜，撰写辩护陈述。只有一种判决能够保留各方脸面——最终，幕府命令浪人们自尽。1703 年 2 月 4 日，47 名浪人切腹自尽。他们中最长的 77 岁，最年轻的只有 15 岁。这一事件迅速变成了大众文化的一部分。版画中开始描绘复仇故事中的一幕幕场景，伟大的剧作家近松门左卫门*则写下了歌舞伎巨作《忠臣藏》。然而，由于政府禁止描写此事件，作为折中，代表这次事件的戏剧一如既往地被设定为“很久以前”。

斩杀吉良领主的刺客纪律严明，而游荡在江户街头的浪人们却更为暴躁易怒。他们因犯下轻罪而遭主人除名，或因主人的失势与失荣而被迫失业。这些人的行为难以预测，又常常参与争斗和暴乱，因而给幕府造成了不小的政治难题。在 1790—1800 年间，幕府将军的老中**首座松平定信在佃岛（隅田川中的人工岛屿）建造了一座收容中心。浪人与无业游民被收押在此，其间可以学习一门手艺。这算得上是一种解决办法，尽管将训练成武士的人转变成无害工匠的方案并不完美。

---

* 日本江户时代净瑠璃和歌舞伎剧作家。——编者注

** 老中直属将军，总管政务，是幕府常设的最高官职。——编者注

轮替居住的参勤交代体系在经济上榨取了武士阶层的财富，而当他们减少花在武艺上的时间，却乐此不疲地光顾能剧*表演、举办品香雅集、收藏精美瓷器和参加茶道仪式之时，武士们便进一步衰朽了。尽管挂着将军直属战斗部队的官衔，一群群低级别的旗本武士经常发现自己无事可做。这些年轻武士的薪俸之低是众所周知的。他们一旦无所事事，就可能会去制造事端。他们手里没钱就拒绝还债，而有了钱就扬扬得意，在社会上捣乱，甚至使用暴力。臭名昭著的白柄组出现在 17 世纪 40 年代早期，却在世纪末就被幕府连根拔起。这个帮派的名字来源于帮众携带的佩刀，这些刀明显长于普通的武士刀，而且柄上装饰着一圈像腰带一样的白色配件。白柄组所代表的急躁、不安定的元素成为江户街头巷尾生活的特征。他们在衣着上的叛逆和对习俗的蔑视践行到一种新的高度，比如在夏季穿起了长和服，在冬季则身着短装。为了达成虚张声势的效果，他们把铅缝在了和服的褶边里，让衣服在行动时来回摇摆。

这种戏剧性的表现方式与歌舞伎在城市中的起源（或至少是在词源上的起源）有异曲同工之处。"歌舞伎"一词的最初含义源于动词"傾く"，意为身体倾斜或因失去平衡而倾倒，与戏剧形式几乎没有关联。这个词同时也暗指了采用古怪的人物造型和洒脱不羁的举止动作。到了 17 世纪，它又获得了"不同寻常"的意思且隐含了"淫荡"之意。歌舞伎者的形象往往是江户那些吵闹、趾

---

* 日本最主要的传统戏剧。这类剧主要以日本传统文学作品为脚本，在表演形式上辅以面具、服装、道具和舞蹈。——编者注

高气扬的年轻纨绔们。他们象征着这个时代生人的部分精神与作风。歌舞伎因颠覆等级制度而盛名在外，是一门讲究人人平等的艺术。它的表演连最穷的人也能看得起，因而广受江户社会下层阶级的追捧。此外，屡见不鲜地违反禁奢令和从时事（通常是敏感事件）中摄取题材的传统也彰显了歌舞伎的“违法”潜力，而颠覆社会等级与触犯法律禁令向来都可以成功地惹恼幕府当局。德川幕府虽然看不起任何一种平民剧院，却从没能成功地把城市人与他们为自己选择的戏剧完全割离。歌舞伎最终不得不与寄席（杂艺剧场）一较长短、争夺观众。寄席是澡堂和吉原的低级妓院中提供的另一种实惠的艺术消费，它向城镇居民们提供的生动节目包括喜剧、杂耍、舞蹈和曲艺等。

主要街道和桥梁附近的十字路口被征用为开放的娱乐空间，称为“广小路”，在这里可以看到顶尖的曲艺人、杂技、魔术表演、路边摊、牙粉小贩以及展出的外来物种——长崎的荷兰商人带入国内的骆驼、孟加拉公牛、鸵鸟、食火鸡和驴。当游客的注意力被这些事物吸引时，社会等级往往会变得模糊。在被作为官方礼物敬献给幕府将军的动物中，究竟有多少最后来到了江户的广小路，我们不得而知。草台班子的“乞丐歌舞伎”在芦苇垫搭成的临时剧场里上演着，演员们每人都要扮演两个角色，他们的左右半脸用了不同的妆容，代表不同的角色；他们的身体两侧也采用了不同的戏服样式，分别代表着不同人物。他们跳过插满剑刃的篮筐和粘着点燃蜡烛的藤圈，动作更像马戏。

最有名的江户“广小路”位于横跨隅田川的两国桥的西面入

口处。江湖郎中向容易上当的过往人群兜售蛇药和神秘偏方；佛教法事、光影秀和魔术师表演都很受欢迎。在下谷的不忍池的东南角，上野的防火隔离带里，杂技演员、吞火魔术师、舞者、牧师和布道人也给大众们提供了类似的娱乐。在茶屋、货摊、表演场子后的小巷里，一种被称为“蹴転”的游女提供着她们的服务。这些低级的散娼通常在当地狭小的妓院里工作。

上野的“広小路”与两国桥边的没有太大区别，一样为杂技、戏法和曲艺表演提供了用芦苇和板条临时搭建的帐篷、货摊和舞台。在帐篷里，你可以看到西洋镜、畸形人展览、活灵活现的地精、巨人和荷兰大帆船模型，还有赤裸裸的色情表演。那里还有各种不同程度的高级妓女模型，它们构成了一幅幅生动的场面，可以满足类似的窥淫癖好。

浅草寺正殿后有一小块叫作“奥山”的土地，同样生机勃勃。那里有伪装成射箭馆的妓馆、巫师和自动机械装置，也展示着各种纸制模型，它们所描绘的造型包括红发野蛮人和歌舞伎场景，甚至还有一个特别可怕的安达原鬼婆。这个嗜血的女人将旅人们引诱到她的茅屋中，借机抢劫并将他们杀害。那里还有一些店铺，有的供应清酒和茶水，有的则可以找到化妆品、发饰、黄杨木梳子、草药和染黑齿的溶剂。

江户这座城市在肆无忌惮地发展着，激增的人口在 1720 年就超过了 130 万，居世界首位。相比之下，欧洲最拥挤的城市伦敦在 1801 年才有 85 万人口，北京在那时刚刚达到了百万人口。任何城市边界的概念很久以前就消失得无影无踪。在江户，商品交易与手工生产都将女人排除在外，这种就业特性使得江户的人口中只有三分之一是女性。到1720年，下町和山手的人口数量趋于平衡，两地各有居民65万人。但实际上不平衡的是人口的密度，因为下町区域只占到了江户地表面积的16%。

城市管理与公共建设的举措也许是由人口占少数的精英阶层发起的，但江户自己的居民——下层阶级——看起来才是城市特性的真正决定者。那些上溯三代都居于江户的人现在宣称自己拥有“江户子”的别号。江户子们对自己的无所事事感到骄傲，并且公开嘲笑对金钱的渴望：“真正的江户子喜欢火焰和斗殴”“存钱的江户子不是好江户子”，等等，这类表述能反映出他们的价值观。河流东岸穷困的生活条件没有创造出愤懑与孤立，却在住民之间激发出了一种与社会主流对抗的强烈自豪感。他们并不是都受欢迎，比如大阪的勤劳商人们嘲笑江户子是“江户的浪荡子，满腔热血但头脑也容易发热，花钱如流水”。江户子们象征着城市的能量与欲望，代表了一股强大而难以驾驭的潜在力量，而这股力量正是幕府当局的重点怀疑对象。住民们没有真的在街头巷尾拉起路障，但一些微妙的秩序颠覆活动已经悄然浮现。这一进程的资助者是更富有的商人家族，他们支持一切丰富多彩的大众文化形式——从游郭红楼到歌舞伎，再到穿衣打扮的时尚以及文人与版画艺术家们的新作。

许多才华横溢的作家和批评家对社会上的种种荒唐、越轨与不公洞察入微，正是他们促进了社会的变迁。江户提供的自由是其他主要城市（比如大阪和京都）所不曾赐予的。举个例子，没有登记过户籍的人也在江户形形色色大小人物的眼皮子底下偷偷地靠打零工过活。混入社会弃民和罪人群体是相对容易的事。

城民们身居社会阶梯的下游，但这并不能阻止他们发展出一套系统的城市礼仪与品位。卖弄才华、好出风头与通俗直白交织成了新的华丽审美，在江户日渐兴旺起来。另一种更克制与低调的风尚与下町商人们有关。这些人家财不菲，与吉原也有些往来。获得这种品位便往往代表了拥有更强的文化鉴赏能力。相比之下，更为叛逆的下层阶级们则践行着更为嚣张、鲜活的时尚与品位。他们更喜欢光顾像深川这样的地方，这些满足工薪阶层需求的游郭在 19 世纪开始的数十年间在江户城中兴盛起来。商人们倾向于在文化环境——文学、艺术、音乐和诙谐风趣的交谈——中来段露水情缘，劳工们追求的是一种更为简单、容易到手的欲求满足。这个时期的文化盛极而坏微，人们挪用了意指人生无常的佛教术语“浮世”并更改其含义，以表现时代的虚浮、颓唐和社会的变化不定。

为了控制民粹情绪，也为了管控以弘扬社会自由为目标的政治团体，幕府需要用道德正当性构建出一种社会秩序。这种更为严格的社会秩序不是一般的刑罚体系所能提供的。当权力是绝对的而非建立在民主之上时，它会在法令、宗教、传统或历史中寻找正当性。江户子和身处同一阶层的人们站在社会权力结构的一端，而统治阶层则站在相反的另一端，他们奉守着新儒学的行为与道德规范。新儒学的教义倡导服从，以建立一个男权等级制度为目标，这个等级制度的终极模型是国家，正好能帮助实现政府的目标——为百姓逐渐灌输对当权者铁打不破的忠诚。

儒家学说原本的宗旨被林罗山（1583—1687年）重新诠释。这位古典文学学者试图舍去原始中国传统中更形而上的部分，而强调其中的道德伦理和统治理论。这种理论所基于的服从体系将成为排他性的国家纲领。在这套体系中，对年轻人的培养目标是对国家尽责，而非寻求自己的财富或自我提升。位于汤岛的最高学术机构昌平黉（昌平坂学问所）的授课重点是一种被后世称为“德川儒学”的学说。这种学说事无巨细地干涉了生活的方方面面，甚至规定了人们必须如何穿着打扮。高等级的公民，包括神通广大、家底渐丰的商人阶层成功地让服饰规则对他们网开一面，被获准在服饰中使用华丽的色彩，而下层阶级们必须选择不容易引起注意的暗雅色调。

然而，折磨江户城的连绵不绝的火灾却不是这么好对付的，燃起后的大火往往会迅速蔓延。每当来自秩父（江户西北面的一个地区）群山的风吹过城市，公共澡堂的柴火冒出的白烟就改变了路线。每当居民们注意到这一现象，他们就会变得焦虑不安。1806年，日本桥地区得名的那座桥梁因附近的越后屋仓库燃起大火再一次被焚毁，成百上千的城民四散奔逃。

江户这个被水浸透了的城市竟会如此频繁地迸出火花，这颇有些令人啼笑皆非。然而，水有时候也会成为问题。如果你住在河流或运河附近，就可以享受便利的交通、新鲜的水产，还可以在闷热的夏季愉悦地呼吸水边清凉的空气。但你也可能因洪水而遭难：江户的大片城区都建造在围垦出的低洼土地上，因而洪水的风险时时存在。仅1742年就有4000人死于风暴和洪水；1791年，台风与海啸彻底摧毁了位于隅田川东岸深川地区的洲崎游郭；1854年，巨大的潮波横扫深川，毁去了一切，只剩下一小部分装了防风板的脆弱住宅。

在许多地方，水为人们提供生计也滋养着贸易。深川的发展与繁荣全然仰仗于当地各条水路的不间断运转。它是食用油、盐、清酒、豆类、肥料等需要运输的商品的重要仓储与批发中心，它的码头也忙于卸下商人们从邻近的木场区运来的木材。在河流东岸，隅田川神社在每年的5月末举办水神祭庆典，庆典当日或第二日会在河上举行盛大的烟火表演。这场壮观的烟火表演被称为“开河祭”，首次举办于18世纪早期。它最初的目的是为了净化城市，祛除霍乱。

诚然，像大田南亩这样的作者成功地利用了那一点点的自由度去记录江户生活中令人不快的现实，在江户却找不到另一个威廉·贺加斯（18世纪英国画家、社会批评家、讽刺家）去描绘酒鬼、站街女、拾荒儿童和放荡的贵族以及种种无所事事的闲人和地痞。同样，在那里也寻不见乔治·斯卡夫（维多利亚时代艺术家）的插画中那些对平凡劳工们的描绘。我们真正拥有的城市历史记录，只有那些版画，越来越直言不讳的通俗小说书页，被称为“川柳”的讽刺诗以及舞台上的一幕幕演出，使江户变成了一座贵族文化之城。供人们阅读的文学作品已经相当高雅，由于出版业的兴旺，人们还是可以找到各种形式的读物。新儒学的追随者们可以挑选一本《孝义录》；而就在同一家书店中，摩肩接踵的读者们迫不及待地选购着“黄表纸”，一种用简单的平假名写成的成人插画本。

迷恋荣誉与等级的武士们现在只能用暮气沉沉来形容，造成这一切的缘由部分来自他们对商业贸易的不屑。为了迫使平民们回到社会秩序中分配给他们的位置上，幕府实施了严格的消费限制律令，这些举措都是为了减少商人阶层惹人注目的炫富行为。在被禁止穿戴丝绸和使用鲜亮的颜色之后，商人阶层的外衣变得朴素起来，质量最上乘的丝织品却被缝入了他们低调的棉外套内侧。他们不得居住在两层楼房中，便让木匠在屋内造了夹层楼面。政府甚至禁止平民使用银箔和金漆来装点器物，不允许他们拥有像玳瑁发饰、妆奁、梳子、各式精美餐具这样的奢侈品。平头百姓们清楚要落实这些规定有多大的难度，所以基本上对其不予理会。在一个露出越来越多的衰朽迹象的政治体系中，这只是几个证明秩序的颠覆已难以遏制的小小例子。为了给幕府当局留几分脸面，各方心照不宣地维持了一份颇为讽刺的默契：统治阶层假装他们很富有；商人阶层则装出一副穷酸样。

在社会等级秩序弱化的过程中，政治体系的一道道细微裂纹已然有目共睹。到了18世纪中叶，对包括阶层隔离在内的众多社会约束手段来说，打破比遵守更值得尊敬。穷困潦倒的武士与富有商人家的女儿结婚在过去是难以想象的，现在人们却对此习以为常。天保改革（1841—1843年）导致了文坛领袖、改革家和自由派政治人物们锒铛入狱；幕府频繁地发起压迫性的立法，却反而证明了要获得民众的顺从并非易事。事实上，那时候有句俗话叫“法不过三日”，用极权主义国家偏好的方式来控制信息变得越发困难。飞速发展的江户很快便达到了亚里士多德定义中理想的城市规模，信息在这样的城市中传播得飞快。

相较于欧洲或新世界（美洲）的城市，江户拥有的开放空间和公共绿地或许要少一些，但鲜花与草木依然是江户生活的重要部分。建筑物入口时常摆着醒目的盆栽，而屋边狭窄的花坛则展示着牵牛花、葫芦和一些水生植物。市政当局规划并拨款建造的公园与庭院确实不多，但城中始终存在的自然元素弥补了这种不足。英国的阿礼国爵士显然体会到了城市风光中的半田园特色，在 19 世纪 50 年代他曾评论，江户可以“自豪地拥有任何欧洲都城均求而不得的东西——最迷人的马道。它们始于城市的中心，朝各个方向延伸出去，翻过森林密布的山丘，穿过阳光明媚的峡谷和树荫下的乡间小径，道路两旁长满了常年青翠的伟岸的树木”。在江户西北部，许多山的山顶天然拥有开阔的视野和清新的空气，常年凉风习习。阿礼国可以骑着马，翻过“连绵起伏的山峦。这些山相当之高，林间穿行之时，偶尔可以瞥见底下开阔的田野”。时至今日，当我们身处于这些人头攒动、开发过度的山丘上时，恐怕已经难以想象这是怎样一种令人愉悦的风景了。各种各样的生灵——鹅、杜鹃、狐狸、獾——簇拥在江户的自然中生生不息地繁衍。河水太过清澈，船夫们甚至可以直接从河中取水煮茶。人们或行船，或坐在码头和土堤上，从滔滔的隅田川水中捞起一条条白鲑鱼、浅草鲤、拟鲤和鲈鱼。不远处，迁徙而来的丹顶鹤在水中悠然漫步，旁若无人。

在隅田川东岸的向岛上，有当代颇具影响力的艺术家与文人们时常惠顾的私人庭院、茶屋和寺庙。这些人中就有谷文晁、酒井抱一和儒家哲人亀田鹏斎。1804 年，佐原鞠坞卖了他的古董店，在河边买了一块土地，建造了这个风景迷人的世外桃源。向岛百花园是专供文人——每一个都是江户子——使用的聚会场所。佐原的朋友中有新作频出的艺术家，也有志向高远的文人墨客。正因为有不少这样的朋友，他才想着造一个花园，里面种上与日本和中国文学有关的花卉、树木和药草，至今石碑上题刻的诗词歌赋、格言佳句仍清晰可辨。然而到了 19 世纪末，向岛和它身上的文化雅韵逐渐被鳞次栉比的庙宇、圣地和黑烟滚滚的工厂烟囱所取代。运煤船落下的煤渣毁去了隅田川水中的生命，堤岸上成排的樱树日渐凋敝。

江户时代已临近终结。尽管这座城市很快就将被夺去美丽，变得丑陋而畸形，但它昔日的魅力与优雅此时仍有诸多痕迹。城中有日夜，见闻皆不同。街头巷尾随处可见干活的磨刀人、烟草与烟管贩子、算命师傅、收集老旧木屐的人、流动乐师、化缘的僧人、运水工、苦力、人力车夫、木匠、搬运工和学徒。白日里，寺院钟声，摆渡人的船桨拍打水面，宏伟庄园庭院中的夏日虫鸣，以及河边丹顶鹤双翅下空气的震颤让江户生活的律动变得越发鲜明；而在夜晚，城中灯火俱灭，万籁皆寂，只剩那些岗亭、哨兵、警卫保护着城市，事实上侵犯它的不是异域的军队，而是时间的侵蚀。这一切终将逝去，淹没于一座即将成形却还无法想象是什么模样的城市之下。

与今天的东京人一样，江户人在食物上投入了十二万分的精力。即使在寻常的家常小菜上也能看出他们在食物上的精益求精与艺术品位。比方说，“一碗浇头”是扇贝肉和紫菜的简单荞麦面，就可以被江户人想象成冰雹洒落在新草上——一种暗示着早春已经来临的季节性指标。但食物并非一直都很充裕，基础食品周期性地短缺，周而复始的丰收与饥荒造成的后果极其严重。庄稼一歉收，人们便挨饿。对食物的渴望不可避免地导致了抢粮潮。下层的江户穷人们没有往年余粮来添补，只能袭击富商的粮仓。1733 年，米价的急剧上涨引发了全城骚乱；1787 年，江户发生了大饥荒，随后升级演变为暴乱，储存粮食的地方（例如高间传兵卫的谷仓和粮店）被抢掠一空，这就是日本历史上著名的“天明暴乱”。

1780 年上野的浅间山喷发之后，紧随而至的粮食短缺和饥饿迫使成千上万的农民涌入江户。许多游民，甚至是一些江户当地的居民在饥饿的驱使下投入滚滚的隅田川水中自我了断。极度饥饿与怨愤的民众将食物短缺归咎于商人的囤货居奇，于是聚集起来开始袭击城市的谷仓。伴随着一系列的饥荒以及在天保年间（1830—1844 年）突如其来的一场大火，幕府不得已动用了应急粮食储备，勉强平息了骚乱，使社会的失序止于未然。

尽管动荡不断，幕府当局仍然自信地认为改善食物供给能够遏制抢掠。他们相信，任何政治反对势力的萌芽都与欧洲所经历的大为不同。就在同一时期，欧洲启蒙运动的价值观让理性精英们反对独裁，而在 1789 年的法国大革命中，市民们用异常残酷的手段报复了他们的君主。不出意料，日本的普通百姓们对这些改变了世界的大事和群众运动却一所无知。

在这个时间节点上，决定江户形态的或许不是重大政治发展，而是文化的潮流。文人与艺术家对江户产生的影响胜过了那些新儒学大师和持续萎靡不振的武士阶层。像葛饰北斋和安藤广重这样了不起的艺术家们留下了诸多的版画作品，我们依然能通过它们看到一座虽已迟暮却依然拒绝改变的前现代城市。在那片城市风光中，人们穿着传统服饰，从事着千百年来不变的职业与手艺。那里没有机械化或马拉的交通工具，富人乘轿，穷人徒步。

与欧洲的艺术家不同，江户画师们虽然能用生动的版画作品描绘出这些场景，却很少会给自己画上几幅像。比如伟大的艺术家、版画家葛饰北斋就没有自画像存世。不过，我们可以想象，就算他长得并不高大健硕，热衷戏谑、喜欢用些宣传花招的他也一定会将自己画成一个像巨熊一样魁梧粗犷的男人。当时幕府正断断续续地进行一场针对大众艺术与文化的斗争，虽然此人说话刻薄又爱发牢骚，幕府竟没用铁镣铐关押他，着实是个奇迹。这位艺术家多才多艺，他的左右手拥有同样的画技，还可用指甲作画，在膝间作画，在头顶作画。

一次在护国寺，北斋宣布他要用墨汁和巨大的芦苇毛笔画制一幅巨型达摩像，这或许是公共艺术表演的一个早期实例。作为一个对表演欲罢不能的人，他创作的某些作品即使在将军德川家齐看来也足够大胆：本来满是弯弯曲曲的蓝色线条的一幅长卷，他拿一只小公鸡的脚蘸上颜料，在画布上追逐奔跑，将完成的作品命名为《枫染龙田川》。

即使身为最有名的艺术家，仍有可能不知道下一顿饭的着落。为了赚到能维持生计的钱，北斋也画春宫图。这些有利可图的色情版画大多是为了私下阅读，也可作为直观的教学手册，供将要举办婚礼的年轻女子之用。也许有人会问，那些男人们与超自然生物、怪物性交的画面，或者尼姑们骑在她们的追随者身上，还附加不成比例的浮夸阳具的画面，到底是会鼓舞准新娘们，还是让她们害怕得打退堂鼓？北斋创作了一幅也许是当代最有名的画作：一位采珠女迷醉地与蠕动的章鱼触手交媾。

随着城市中的道德下限一降再降，越来越多的人在堕落中迷失了自我。1841 年，第十一代幕府将军德川家齐离开了人世。据说他生性放荡，姬妾达 40 余名。他的过世或许是引发 1842 年天保改革的诱因之一。

尽管改革举措难以落实，并且最终产生了适得其反的效果，但这些改革本身代表着一种恢复封建农业体系的尝试，同时也致力于扼杀商人与下层城市人口不断增长的经济力量与文化独立性，并抑制通俗文化日渐强大的影响力——在德川统治者心中，这种文化就是挑战权威的同义词。

幕府立下新法限制人们露富、炫富并颁布了新的禁奢令，还为剧院设置了许多条条框框。寄席的数量从超过 500 座被削减至只剩下 5 座。幕府要求演出的内容要能振奋人心、教化民众。书的封面上不再被允许使用鲜亮的色彩。禁止女性理发师、乐师以及浅草臭名昭著的“射箭棚（馆）”行当，这都被认为能腐化人心。

与这些措施并行的，还有对浮世绘印刷品的审查。幕府不容许艺术家（比如伟大的画师歌川国芳）绘制演员和高级游女的插图，而这些题材的作品通常是卖得最火的。

艺术家们以不同的形式来描绘人物，巧妙绕开了这些限制。在歌川的例子中，他在画作里以人格化的动物来代替那些游女和演员，比如其作品《胧月猫草纸》便是以猫的形态描绘吉原游郭的女人们。这些讽刺画不仅聪明地绕开约束，更猛烈抨击了审查的荒谬可笑。像歌川这样的艺术家用他们的作品来证明了一种生生不息的叛逆精神，而这种精神将在不久的将来彻底颠覆旧秩序。

1830—1840年间，已对财政问题习以为常的江户居民们可以感觉到德川家族的财力正日渐捉襟见肘。德川政权发现他们欠商人们的钱越来越多，于是在1819—1837年间足足将货币贬值了19次。以固定数量的米粮为形式分发给武士的俸禄很早就跟不上通货膨胀的速度，政府还尝试再次抛出封建领地理念来控制当时复杂微妙的国内经济，然而这些举措反而对其赖以生存的现行体制造成了进一步的损害。在目睹幕府将军如何从天皇手中篡夺权力之后，一些有文化的武士们开始质疑幕府用自相矛盾的方式诠释儒家的忠义学说。

自1636年开始，日本实施闭关锁国的大政方针并制定了一系列措施，从此外国人不得进入日本，日本人也不得走出国门。虽然国家与外界完全隔离，但是幕府的官员们远比他们公开承认的更了解亚洲乃至欧洲的情况。他们很清楚1819年英国占领了新加坡，在1839—1842年的鸦片战争中击败了清帝国，攫取了中国香港，并与其他欧洲强权一起迅速地主导了中国的贸易，甚至政治。消息更灵通的人也许还听别人描述过，英国的士兵是如何亵渎北京城郊外那座史上著名的颐和园的。英国人让整个中国到处都是鸦片，德川家族应当意识到了这并非什么有利可图的商业冒险，而是在有计划、有步骤地摧毁国民的体质健康。欧洲国家已经要求在天津这样的中国对外口岸内建立定居点，英国人和法国人主宰了上海这座黄浦江河口泥滩上发展起来的城市。1854年幕府沿着江户湾设置了炮台，在距今天的东京湾彩虹桥更南面一些的地方建造了一系列被称为“台场”的堡垒。大量仿制的大炮在一定程度上强化了防御，然而要与技术上更优越的西方列强进行军事对峙，它们显然远远不够。

1853年7月8日，马休·卡尔布莱斯·佩里准将的舰队来到了日本。日本人将驶入江户湾的4艘美国蒸汽动力军舰称为“黑船”。佩里的主要兴趣在于贸易，他希望为美国的商船打开日本的港口，他一点也不在意什么“文明的使命”。在这一点上，他与之前的荷兰人一样，他们最关心只有买卖，小心翼翼地避开了任何的宗教事务和内政议题。

日本人民自英王詹姆斯一世统治时期起就与世隔绝，直到维多利亚女皇时代才仓促地暴露于外部世界。他们从来没有看见过金属制造的船，更不用说没有风也能前行的蒸汽船。他们又敬又怕，但这种敬畏转而又败给了强烈的排外情绪。在浮世绘中，西方人通常会被描绘为日本的一种妖怪——“乌鸦天狗”。遵循这样的惯例，在一幅佩里的画像中，他被画上了一双恶魔般闪闪发光的眼睛和一只可怕的蓝色长鼻子。不过日本人的好奇心最终克服了恐惧，佩里和手下们被允许上岸，在又高又壮的黑人保镖的护送下登上了日本的土地。他携带了不少颇有趣味的物件，几乎等同于一次对西方技术的展览或简介。这些放在沙滩上的物件中，包括了电报机、缝纫机、银版相机和一个标准尺寸四分之一大小的蒸汽铁路模型。没过多久，先前居住在这里的武士们登上火车头开始在沙滩上兜风。不像葡萄牙人和西班牙人在3个世纪以前带来的耶稣十字像、圣像和圣母玛利亚的石膏像，美国人带的这些都是能派上大用处的实用物品。

在美国人这边，装备着老旧火枪和刀戟的日本人赠送给他们的是漆盒、茶壶、瓷碗以及昂贵华丽的织锦和丝绸。也许是不想被令人印象深刻的保镖比下去，日本人的欢迎会上向他们介绍了几位相扑摔跤手。佩里还受邀对着其中一位相扑手的肚子揍了一拳。1854年，佩里第二次来访后与幕府签订一项协议，使得日本与所有西方国家的关税制定权以及外国人在日定居权都落入美国人的掌控中。

从1853年佩里的到来到幕府最终被倒幕力量推翻之间的这段时间被称为“幕末”。这一时期，整个日本都充斥着剧变、暴力和极端主义，社会动荡，风雨飘摇。数十年间，外国军队在国门口虎视眈眈，软弱又优柔寡断的政府步步后退，无人知晓未来在何方。狂热却昙花一现的“千禧年崇拜”便出现在这样的背景下。在弥漫全国的动乱中，暴徒们获得了自由。他们在江户和其

他发达城市聚集，随身携带的神道画像让他们若痴若狂。他们半裸着在街头寻欢作乐，抢夺房屋中的财富，高喊着像是宗教口号一样的胡话："ええじゃないか（这不挺好吗）"。

1866年，一次秘而不宣的米价上涨顺理成章地引发了城中一波又一波的暴动。浅草米仓中的应急粮食储备被匆忙发放给市民，但是这次暴动并没有被平息，而是转变成了半宗教性质的"世界重生骚乱"。相关的意识形态被称为"世直し"，即改革世界信仰。它的追随者们相信，四起的动乱预示着新世界的诞生。他们所追求的无异于对现存的道德、政治和精神秩序的彻底颠覆。镇压动乱的种种努力就像是堵上一个喷出蒸汽的裂口，存于江户市民们血脉中的能量一旦遇到阻力，只会越发强大。来自两国桥东端的表演帐篷的女人在一排排武装到牙齿的武士面前下流地掀起了她们的和服。这便是那个时代的人们对当权者的一种反抗。

1854年和1855年发生了两场强烈地震，每次地震后都紧跟着滂沱的大雨与滔天的洪水，城市糟糕的卫生条件导致了致命的霍乱疫情大爆发。在两次地震中，最猛烈的那场在1855年11月11日晚上10点袭击了城市，震级为7.9级。灾难常常降临在城市东边，这次也不例外：下町中心区大约有4000名市民死亡，1.4万栋房屋被毁。席卷吉原游郭的大火带走了许多名妓、游女和艺人的生命；无情的大雨淹没了城市东面低洼地区的大片土地。各县的大名们派来劳工，花大价钱重建了他们在江户的居所。他们被迫依靠从商人处获得的贷款来弥补财政赤字，这是权力日渐增长的商人阶层施加他们影响力的标志。

地震后不久，人们预计有更多的灾祸即将到来，此时流行一种被称为“鲶绘”的非法鲶鱼版画并大量刊印出售。这个版画描绘的是一群生气的高级游女攻击一条据称制造了地震的巨大鲶鱼，但就在她们后方，一群石匠和木匠急冲过来救援被围攻的大鱼。这一场景嘲讽了这样一个事实——恐惧的氛围是可以被用来赚钱的，因为对这些艺术家来说，地震就代表了一笔意外之财。许多没有廉耻心的商贩就是这么做的，他们向容易轻信的群众售卖符咒、护身符以及预知或辟邪用的各种道具。然而，这些护身之物没能保护江户居民们，更没能阻止1858年另一场霍乱疫情的爆发。

当时许多迷信得无药可救的江户人认为佩里黑船的到来是他们不幸的根源，谣言与报纸中带有偏见的报道表明了一种将国家的困难归咎于外来者的倾向。即使在今天的日本，这种倾向依然十分明显。外国人代表了一种看得见的变化，或者根据某些人士的说法，是一种看得见的“污染”，所以他们在日本活动时得始终保持警惕。1859年，美国商人弗朗西斯·霍尔写道，他每次动身去散步时，“两只口袋里一只放着把左轮手枪，另一只放着本丁尼生的诗集”。美国公使馆1859年在广尾的善福寺开馆，汤森·哈里斯为时任公使。使团被一群希望尊王攘夷的帝国狂热分子袭击，他们将使馆烧成了一片废墟并杀害了哈里斯的翻译——荷兰人亨利·修斯肯。1861年，又有14名攘夷武士进攻英国公使馆。他们攻击工作人员，打伤了一个随员，又一刀砍在一名从长崎来访的英国领事的额头上。两年后，这座建筑发生了爆炸。

1860 年 3 月 24 日早晨，彦根藩主井伊直弼和他的护卫在踏着积雪前往江户城堡的途中遭到暗杀，凶手是反对与西方蛮夷进行任何正式接触的刺客。井伊是将军的重要幕僚，被刺杀的起因是他违背了天皇和朝臣的意愿与西方列强签订了不平等条约。日本与美、英、法、俄、荷五国在 1858 年签订的条约赋予了外国势力极为有利的贸易权利，并且迫使日本对西方舰船开放了数处口岸。令日本人尤其恼怒的是条约中包括了治外法权制度，即外国居民只需服从他们自己的领事法庭的律法，这意味着日本的法律系统将无权起诉外国嫌疑犯。

1868 年，忠于德川幕府的军队虽然占据着江户城堡之利，却最终不得不投降献城于尊皇势力，后者大部分是来自萨摩、长州、土佐等西部诸藩的中低级武士，他们同时获得了反对幕府的许多朝廷显贵和农村商人的支持。

表面上，江户城堡中的敌对各方在和平地谈判，然而当一支 2000 人左右、被称为“彰义队”的幕府核心部队整编就绪，准备与效忠天皇的士兵决一死战时，上野山上是不会谈出什么解决方案的。佐幕派已无望胜利，他们人数不足，四面楚歌，暴露在现代火炮的炮口之下。将他们一举击溃的战役就像是一次屠杀。在战斗最惨烈的地方，大片鲜血染红了不忍池的池水与黑门前的土路。

宽永寺华丽的建筑是这场战斗最后的牺牲品。作为德川幕府的标志，倒幕军队毫不留情地将其付之一炬，丝毫没有顾及它们的美丽。唯一在烈焰中逃过一劫的是宏伟的日光东照宫，而这座神社所纪念的偏偏是第一任幕府将军德川家康。

江户时代末期实现了非凡的文化成就，但反对变革的过时制度与文化糟粕阻碍了它的现代转型，毁去了它的续命之机。然而，当倒幕势力集结起军队、摧毁了统治日本超过 250 年的幕藩体制时，他们所寻求的是王权的复兴，而非一场革命。

精致的凌云阁复制品是江户 - 东京博物馆的一件展品。从 1890 年竣工到最终毁于关东大地震，凌云阁一直是集购物、展览和演出功能于一体的商业中心。

（图片来源：Gryfindor，CC BY-SA 3.0）

TOKYO A BIOGRAPHY

第三章　明治大集市

新秩序——西式建筑——新式娱乐——工业化——民族主义兴起

1867 年 1 月 9 日，在孝明天皇死于天花之后，他 15 岁的儿子睦仁立即被推上了皇帝的宝座。在这位天皇与英国公使巴夏里会见时，在场的外交官密福特记录下了他对天皇的印象。根据密福特的说法，新天皇身高五英尺七英寸（约 1.7 米），是个不同寻常的青少年。他目光清澈，容光焕发，举手投足间有股天生的高贵。

尽管古老的幕藩体制即将被一扫而空，天皇的御服制式仍是不可撼动的。在英国客人面前，这位君主“上身穿着白色的御袍，下袭是红绸面料的棉长袴，长长的裾拖在身后，像那些女贵族的宫廷礼服的裙裾”。黑色的纱帽之下，年轻人的眉毛被修去，并在前额较高的位置上画了替代品，“他的两颊上抹了胭脂，嘴唇上涂成金色和红色”。根据王室的传统，他的牙齿染成了黑色。

英国报纸《标准报》中记载了他的“古典阳刚之美”，而《威斯敏斯特公报》则描述了他的“镇定自若与雍容泰然”。

这个年少的统治者，世人认可的第122代日本天皇出生、成长于京都宫廷之中，一直与世隔绝。他身边的势力很容易便能操纵他，利用他的地位来改变权力平衡，带领日本走向现代。天皇一直隐于幕后，虽然被剥夺了任何实质性的政治影响力，却作为神明而受人崇敬。人们相信他们是天照大神（太阳女神）的直系后裔。

为了提高关注度，在登基后的第二年，新皇再次披上华丽的御袍，坐在皇舆上被抬过护城河，来到了江户城堡。他的统治时期被命名为“明治”。似乎蕴含神秘力量的仪式、王室的徽章、不可动摇的优良传统、从等级中获得的权力以及身居高位者的自负，这些东西并没有随着制度一起被清空，而是被重新调整以适应新的时代。在时代的转型中，古老体制的种种虚饰被人们舍弃，而天皇本人的抛头露面显然也是其中之一。现在，天皇有时会走出幕后，走入公众的视野。在这些场合中，天皇坐着欧式马车驶过护城河上的桥梁，进行公众演说，参观工厂，检阅军队。他身上通常穿着一件满是穗带和绲边西式军服。这是一场精心打造的公共关系运动，旨在展现天皇之治就是力求进步之治。

同样的，政府官员现在必须脱下传统服饰，换上西洋装扮，至少在公众场合需要如此。所有男人不得不剃了头，把发型改成西式的，连武士也不例外。1698年在莫斯科也发生了类似的事情——刚从阿姆斯特丹回国的彼得大帝要求他的臣民们剃掉上唇与下颚的胡须。沙皇甚至还在都城门口派驻了理发师，禁止访客进入城市，除非他们忍受强制性的剃须。这些严厉措施在日本是没有必要的，因为那里的人们仍然习惯于服从权威。

整个武士阶层已不是战士。他们演变成了小官僚和社会寄生虫，每个月的薪俸渐渐榨干了国库。政府于是废除了他们的头衔与薪俸。这些曾经的武士几乎不具有谋生技能，遭受了最后一次羞辱后，他们猝不及防地被抛入了新时代。对佐幕派的武士来说，贫穷尤其来势汹汹。他们不得不委身外国家庭中为仆，拉黄包车，或售卖他们曾经地位的遗存——古董和旧衣物来维持生计。许多贵族庄园遭人遗弃，这些房屋的状态折射出了旧制度的腐朽。它们现在很多都被用来种植茶树和桑树。第一任政府官员们也居住在这些宽敞的江户宅邸中。

时间的计法本身也发生了变化。人们引入了格里高利历（公历）以替代阴历，后者将一天分为 12 个计时单位，每一单位的长短取决于夏季或冬季的日照时长。1868 年 7 月，江户改名为东京；同一年，江户城堡改名为东京城堡，并且在改建之后成了 1869 年天皇从京都搬离之后的新居所。

随着 1862 年幕府的倒台以及参勤交代体制的瓦解，武士们从江户郊外的封地回到了他们在各县的宅邸，江户主城区的人口下降了近 30 万；1882 年，人口恢复到 88.5 万，次年就超过了 100 万。人口的迅速复苏部分是因为前武士家族的后裔大量涌入东京，寻找公务员、教师、巡警之类的工作。社会动乱使大量的农民流离失所，从乡村进入城市。为了迎合他们的需求，廉价旅馆和长屋（联排住宅）如雨后春笋般纷纷涌现。

在过去，一代又一代军事独裁者长久以来一直不允许天皇们参与公共活动，并用一轮又一轮耗时不菲的仪式让他们无暇介入国家事务。现在，新天皇突然就成了一个所有人眼中的活跃人物。他仍是一个活着的神祇，但他同时也是一个人，并且胸中自有丘壑，知晓国家该往何处去。神道教与天皇崇拜通过法令融合在了一起。佛教仪式被从皇宫中扫地出门，为进一步地促成狂热的天皇崇拜创造了机会。可以追溯至2000年前的神圣体系一举取代了幕藩体制，重获新生。然而，作为日本民族主义不可或缺的一个组成部分，天皇崇拜将会危及明治维新宣称的目标，即创造一个更开放负责、寻求更多公众参与的政府。在实践上，明治天皇支持并约束着大久保利通和伊藤博文这样的强势改革政治家，而这些政治家也以天皇的名义来制定改革日程。

年轻的天皇宣布他们将向全世界寻求知识。在这一相当务实的宣告之后，紧随而至的是一系列振奋人心的口号，比如“文明开化”“富国强兵”与“和魂洋才”*。这个国家不得不面临两个选择，是将既有的传统现代化，还是将兴起的现代性传统化。一个热火朝天的同化与吸收的时代由此开始并存续至今。

改变一旦开始，就是日异月殊。政府迅速没收了大片土地及其上的大名房产，划拨为行政办公大楼和军事基地。东京和横滨间的电报线路在1869年开始运营，1872年铺设了新桥和横滨间

---

* 江户末期日本思想界对吸取西洋文化所采取的一种态度，即只接受洋学中的实际知识和应用技术，而摒弃其理论和精神方面的内容。——编者注

的铁轨；1877 年引进了电话服务。女性电话交换机操作员是日本第一代职业女性的排头兵。

1876 年，东京进行了自来水工程调研；1880 年一座港口开始动工——所有这些都是为了巩固东京作为国家首都的位置。比较江户晚期的歌川广重（即安藤广重）的浮世绘作品和他的门人歌川广重（三代）的作品之后，我们可以发现它们在内容上发生了重大的变化。歌川广重（三代）、小林清亲和歌川芳虎这样的艺术家在他们所画的街景中向我们展现了现代化生活在社会方方面面的强大影响力：穿着西洋服装的行人、靠轮子跑动的来往车辆、砖石结构的酒店和银行、煤气灯、欧式商业街、蒸汽火车以及喷出滚滚黑烟的工厂，后者与兰开夏郡*和北美锈带**里看到的任何东西一样邪恶。

新出现的拥塞与兴奋感笼罩了城市。歌川广重（三代）在 1874 年构思的作品《开明东京名胜图》中便精妙地捕捉了这一点。这幅作品由三块板面构成，色彩鲜亮。画中的静态元素包括京桥、银座新建的砖石店铺以及富士山这一让人感到恢宏的背景。画面中的主要动景是生气勃勃的街头生活，许多穿戴整齐的人力车夫在生动鲜活的三幅画面中穿梭（仅仅数年之前，这些人在干活时腰身以上还赤裸着）。桥下的河流清晰可见，但河上没有任何船只。明治时代最显著的变化之一就是城中的所有活动都从下沉的河道上迁到了街道层面。

---

*　位于英格兰西北部，被称为英国工业革命的发源地。——编者注

**　美国东北部的传统重工业和制造业中心。——编者注

江户时代有一种名为“双六”的桌面游戏。游戏中，玩家掷着骰子让棋子在格子间移动。格子两边是一幅幅城景图，棋子移动时沿途经过的图片连续起来使整个游戏过程变成了一次城市观光之旅。但在明治时期，城中名胜被“出世双六”（“攀登社会阶梯”）的主题所取代。棋盘上图片路线的起点是小贩和人力车夫的图像，途中更高一级的富裕商人们纷纷登场，终点则是精英集团的住宅和议会的议事大厅。这种变化相当能说明问题，可以说，这条新线路描绘的是新时代人心中无限的希望与雄心。

光是明治时代最初几年，就大约有五六万的年轻人来到东京。这些被称为“书生”的穷学生享受着城市的新文化并寻找着他们的机遇。许多人一边做着住家仆役，一边靠这笔工钱来完成学业。当时所有父母都希望他们的儿子“有朝一日能成为医生或内阁大臣”，飞黄腾达的愿景便带上了点妄想的色彩。当时有一首歌表达了人们心中常有的幻想：“醉卧美人膝，醒掌天下权。”

凌云壮志需要以城市建筑来呈现。在人们心目中，建筑与西洋先进文化是密不可分的，因而创造一种西方化的城市景观被认定为文明国度的标志。当乔治·欧仁·奥斯曼重新设计巴黎市中心时，东京——这回可没了总体规划——正准备解构自身。明治建筑大集市把城市几乎变成了一座世博园，一座拥有各种各样建筑形式的百货集市。早期的建筑师们为了再现欧洲模式的现代化，用一座座由砖石砌成的银行、学校、邮局、市政厅、桥梁、锅炉和火车站构成了一派繁荣盛景。这终将完全改变城市的地貌。

最能呈现东京变化的不是重构整体区域，而是作为个体的建筑，这些出众的建筑就像一座座现代化的灯塔。人们可以在筑地的外国人定居点中看到西化的种种代表物，比如教会学校、马车，甚至古怪的早期脚踏车。在这片东京湾边围垦出的土地上，最著名的景观要数筑地旅馆（西方人称之为江户旅馆）了。旅馆竣工于1868年秋天，当时，成群结队的日本观光客前来欣赏这座现代文明的标志建筑。为纪念宾馆开业而创作的版画作品数量达百余件，大量以宾馆为主题的彩绘版画作品不断涌现。比如杰出的版画家歌川国辉（二代）的一幅三联作品描绘了商人们在旅馆前的空地上运送货物的忙碌景象，背景中一面日本国旗在明石桥边随风飘扬。当时的一幅摄影作品证实了对这一场景的再现是相对准确的。

这座旅馆是曾做过木匠的清水喜助（二代）的杰作，这位匠人同时也是横滨地区外国人定居点的建筑承包商之一。日本木匠们热衷于拟洋风建筑。他们喜欢借用欧洲流行的折中主义装饰风格，同时又在建筑上添加龙、凤、云等本地化的图案，圆顶、高塔和小塔楼都是相当常见的。筑地旅馆就融入了一些西方元素，比如框格窗、欧式家具和宽阔的走廊，令人隐约忆起是英国统治时期的印度建筑；不过，它的木结构、瓦顶、暗色外墙及上面交错的石膏图案，还有能让人联想起传统城堡的钟楼，本质上都运用了日式风格。

许多明治时代的建筑虽然有着显眼的外部装饰，整体外观却小巧玲珑，看上去像玩具模型。它们尺寸如此之小的原因不明，不过或许与这些因素有关：有限的土地供应；当时人们对未来的经济状况毫无把握；砖、石、玻璃等物料的成本高；人们认为这些不过是些建筑学实验，没人能保证这些建筑可以存续多久。日本人接受了这些“混血”建筑，外国人却无法理解这种风格间的混搭。他们在观察这些建筑时的感受或许有点像一个现代人抬头凝望一座安装了伊特鲁里亚式立柱的摩天大楼。拟洋风建筑是新式建筑中的典范，它们代表了一种既渴望拥抱未来，又拒绝完全割舍过去的矛盾心理。这些灵感源于西方的建筑，再加上其他的城中点缀，将把东京城变成各种风格争奇斗艳的百花园，而其中看上去扎眼的地方也绝不在少数。东京的这种建筑实验在银座格外明显，煤气路灯、铺砌好的人行道、柳树和电杆在那里共同谱就了一曲杂乱的乐章。

1872 年 2 月下旬，日本军部总部的一座旧式城堡中发生了火灾。狂风助长了火势，使大火迅速向东蔓延，很快烧到了东京湾和银座地区。市中心约 100 万平方米的土地和数以千计的建筑被夷为平地。

银座区位于新桥的铁路干线终端和日本桥商圈之间，重要性不可言喻。这场银座大火为这个区域的现代化建设提供了新的际遇。从这一雄心勃勃的现代化项目中诞生的是著名的银座砖瓦街，它由爱尔兰建筑师、土木工程师汤马士·华达士设计，耗费近十年才建成。其最初的设计目标是为现代东京打造一条防火样板街。工程竣工之后，超过 1000 座砖石结构的楼房耸立在横穿银座及相邻京桥地区的街道上。后来这条街上建成了日本第一条人行道，并在拓宽的路面上铺设了具有防火功能的砖石，使街道本身拥有防火隔离带的功能。

如果不是问题接二连三地出现并在当地造成了不小的麻烦，砖瓦街工程本可以自豪地成为明治时代进步与发展的典范。比如，街面建筑的通风极差，完全无法适应东京夏季潮湿的亚热带气候，以至于它们很快就成了蚊子、蜈蚣和蜥蜴的温床。除了柳树之外，所有的高大树木都枯萎了，还有些居民闷出了水肿病。许多人在绝望中离开了这个地区，他们留下的空房不久后被（用保罗·韦利的话来说）“一群卖弄特技、接抛玩物的街头艺人——包括跳舞的狗和摔跤的狗熊”占据着。对自夸为文明开化时代的明治时期而言，银座成了一个笑柄。直到政府用特殊补贴诱使人们回迁之后，这个地区才重新振作了起来。

想念伦敦、巴黎、柏林和圣彼得堡氛围的外国人现在可以经常光顾狮子酒吧，在那儿点上一杯欧洲的葡萄酒、威士忌和伏特加，或者来一份品质上佳的日本清酒和啤酒。从站街女、劳工、学生到大使馆和公使馆的官员、大学教员、律师、政客、音乐家、作家和评论家，任何社会阶层的人都可能在某个特定的夜晚来到银座的某家临街酒吧，在最拥挤的人群中大吃一顿，小酌一杯，乐上一乐。

对那些有钱也有关系的人来说，他们可以在交询社这样的欧式绅士俱乐部中度过银座之夜。明治时代早期会有精美的马车等候在这些高级会所的入口处，晚些时候则由帕卡德汽车代替。俱乐部的大部分会员是庆应义塾大学的毕业生，但是其中也可以找到政治家、新闻记者、律师和商人的身影。台球室、酒窖、图书馆、摆放得整整齐齐的报纸期刊和三楼的理发店使它看上去与欧洲的俱乐部极为相似，唯一的不同在于其间的日式点缀：桌子上摆放着将棋和围棋棋盘，一个专门用于跳日本舞蹈的房间，以及悬挂在墙上的一幅幅当代顶尖艺术家的画作。这种俱乐部常常对会员有较高资格要求，只有相关圈子里的人才能参与进去。因此，家族会馆专为同一领域的同仁们而设；参与日本俱乐部的几乎全是政府官员；帝国大学的毕业生们参加的是学士会；还有1913 年为三井财阀的雇员们所设的三井俱乐部，它所在的楼宇也是唯一一座至今仍存在的银座建筑。其他与行业有关的俱乐部还有贸易协会，会员为各种贸易协会的成员；铁道协会，成员为铁路协会员工；专门为第十五银行员工们服务的十五银行俱乐部；东京俱乐部则对所有的贵客和外国人开放。

银座有数不尽的饭店和茶馆。在这些饭店和茶馆边的巷子里是成排的艺伎馆。在整个明治时代，单是银座一个地方的艺伎馆就不少于 66 座。附近的街巷里还有别的营生。任何一个在凌晨 1 点后路过当地的人都能听到从一些大型建筑里传出的古怪、不规律的“呼呼”声，这些噪声来自报社的轮转印刷机。到明治末年为止，有 8 家报业公司在银座营业。许多在这些大楼里工作的新闻记者过去曾是幕府的封臣，但新成立的明治政府认为他们不适合继续任职，于是他们中的一部分开始为《邮政报知新闻》和《东京每日新闻》之类的报纸工作。这些对现状不满的人逐渐将自己塑造为对未来影响深远的民权运动的捍卫者。基于这个原因，他们相当热衷于利用新型印刷品来煽动反政府言论。在黎明前一刻，工人们拉着板车将一车车的报纸送到分销商手中，“丁零”乍响的铃声传遍了银座的大街小巷。黎明时分，那些发现自己还停留在街头的通宵工作或欢饮达旦之人，正好可以赶上当天的第一班有轨电车，上午 7 点前票价可是减半的呢。

关键地区（譬如银座）的结构性发展极大地仰仗于政府雇用的外国专家，即“御雇い外国人”。显然，日本想要的是让这些专家顾问将技能传授给他们求学心切的日本替补，然后在分配给他们的合同结束之后立刻拍屁股走人。他们对发展国家来说是无价之宝，不过一旦他们的技能被日本人习得，就成了可以用之即扔的消耗品。

许多由外国建筑师设计的早期欧式建筑在今天的银座已经见不到了。其中最出色的是法国人 C. 德・布安维尔负责的工程学院礼堂、意大利设计师 G.V. 卡佩莱蒂的作品军队纪念馆以及美国人 R.P. 布瑞德根斯设计的新桥站大楼。从那时候的明信片和照片上可以依稀看出，日本的公共与商业建筑同维多利亚时代的建筑极为相似。鉴于受邀来日本工作的英国建筑师和工程师数量如此之多，这一点也并不令人感到惊讶。1877 年，明治时代最著名的建筑师约西亚・肯德尔受工部大臣之邀来到了日本。肯德尔在当时颇具影响力的工部大学校任教，并在授课的同时完成了大量的建筑工程项目，其中包括筑地的盲人学校和

1881 年上野的帝国博物馆，后者是一座融合了伊斯兰元素的哥特式红砖建筑。

这些出彩的异域特色在肯德尔最有名的设计鹿鸣馆中再次出现。当首相伊藤博文想举办一个化装舞会时，他选择的举办地就是鹿鸣馆。事实上，对这样一场华丽的盛事而言，鹿鸣馆是唯一可行的选择。它对称的砖石外立面很好地体现了明治时代海纳百川的风格——它融合了新东京、欧洲和法兰西第二帝国的元素；它的外观结合了不少意大利文艺复兴主题，具有 15 世纪意式宫殿的特征，同时还采用了莫卧儿式圆顶，微型复折屋顶以及分段式圆拱。比起大放异彩的外表，它的内部空间也毫不逊色，其中包括了台球房、正式舞厅、国宾套间、阅读室和一个小舞厅。主持餐饮区的法国大厨提供的宴会菜单中包括红鲷鱼砂锅、烤鹌鹑、山葵烤牛柳和匈牙利式烤羊腿，人们还可以在吧台点上一杯美国鸡尾酒或德国啤酒。

1885 年 11 月，法国海军军官 L.M. 维奥上尉参加了第二届天皇庆生年度舞会。这位军官有一个更为人所知的笔名，皮埃尔・洛蒂，他用这个笔名写过众多具有异国背景的抒情小说。洛蒂对鹿鸣馆兴趣乏乏，觉得肯德尔的设计与法国温泉度假区的那种二流赌场差不了多少。政府在跳舞一事上下了些功夫，雇了德国人 L.V. 詹森・冯・德尔・奥斯滕每周在鹿鸣馆上一堂舞蹈课。教学的结果显然令洛蒂满意。看着宾客们跳着波尔卡、马祖卡和华尔兹，他总结道：“穿着巴黎礼服的日本朋友们跳得还算到位。不过可以感觉得出来，他们的动作是反复练习出来的。他们跳起来像机器人，没什么个人发挥的地方。”

法国插画家乔治·比戈曾兴高采烈地讽刺鹿鸣馆贵妇们刻意养成的举止仪态有多么矫揉造作，这座建筑试图宣传的西方文化又是多么虚伪做作。这位画家多次因为反政府意见和毫不留情的讽刺画作被警察请去喝茶。他还曾画过一组关于一对模仿西方人打扮的日本夫妻的讽刺漫画，取名为《日本世界的精英》。画中描绘了猿猴似的人物在舞池中用尽各种办法卖力地跳着方阵舞——这种极其夸张的手法形象地表现出了鹿鸣馆所代表的那种不顾一切的西化渴望。在一幅画面中，四位贵妇舞蹈课后正在大厅里休息。她们虽然穿着西式服装，却摆着不怎么文雅的姿势，似乎是江户人的老习惯故态复萌。其中的一个人用传统的方式蹲着，另外三人则把着纤细的旧式烟管吞云吐雾。

首相伊藤博文希望将他的豪华化装舞会打造成上流社会东京生活的顶级盛事。宾客们到场之后，保守的反政府人士们震惊地发现日本的高官显要们竟然打扮成了各种各样角色，有浮士德博士，有苏格兰的玛丽女王，甚至还有英文儿歌中的老母亲哈伯德的形象。400 名来宾中，选择波斯和埃及主题的不在少数。围绕在身穿路易十四宫廷服饰的妇人们身边的是一群艺术虚构人物，其中一个是奥斯卡·王尔德笔下的人物，身后还跟着他的两个信徒。伊藤自己打扮成一个威尼斯贵族，他的妻子扮作一个穿着黄色丝裙、戴着头纱的西班牙贵妇，他们的女儿则以一个意大利乡下女孩的形象出场。这样奇妙的场面在短短几年之前是根本不可想象的。它反映出了一种巨大而影响深远的变化。在这个时代，像伊藤博文这样的男士会模仿维多利亚时代男人的打扮，留着一撇密实的小胡子，挂着从马甲口袋里露出的金表链（表在这个时代很重要，城市居民过去一直依靠寺庙的钟声来确定时间）。

肯德尔在岩崎家族找到了一位富有想象力且愿意为他的任何计划慷慨解囊的资助人。他为岩崎的公司设计的第一座砖石建筑在1894年竣工。大楼所在的地方原本是皇居东面的一片杂草丛生的荒地，被人们称为三菱荒地。这一大块荒芜的土地上当时只有狐狸和小偷会出没，人们都在想究竟能拿它来做什么。岩崎恰恰就知道该用它来做什么，他随口应付着别人的疑惑，甚至开玩笑说他们会在那里种一片竹林再养几只老虎。

这些有着白色外墙角的四层红砖建筑矗立在后来被称为“伦敦区”的区域内。这个区域坐拥着一排排笔直的街道以及非常具有现代城市气息的树木和电线杆，风格鲜明。不过，这些东西也代表了一种对外国城镇规划的生搬硬套，也可以说是不怎么成功的。文化地理学家保罗·韦利就捕捉到了其中的不和谐。他将这些地处丸之内区域的街区形容为：

> “……拥有维多利亚时代晚期伦敦的味道，有点像马里波恩大街或肯辛顿，但是那里的建筑没有从本地土壤中生根发芽出的那种自信和自然。伦敦区早期的照片让人有种明显的不舒服感。建筑之间缺少了马车、手推车以及维多利亚时代晚期和爱德华时代伦敦独有的喧嚣忙碌。它们能面对的只有人力车和稀稀落落、不知去向何处的路人。”

这些建筑按照今天的标准来看有些矮小，不过在当时已经能算高楼。在日本，高度向来等同于力量与神秘感。神圣的山岳受人膜拜，神社的巨木为人尊崇；峥嵘的城堡主楼令人钦佩，参天的佛塔仿若真可通天。12层楼高的凌云阁是东京城最引人注目的建筑之一，从它诞生之日起就注定将成为浅草休闲娱乐区的标志并被不断印刷在明信片上。在苏格兰工程师威廉·金尼蒙·伯顿的监督下，这座八边形塔楼建成于1890年。它总高近66米，全楼窗户共计176扇，是当时东京最高的建筑。它的每层楼都堆满了各种进口商品，饭店林立，还拥有日本第一架升降电梯，另配有一个安装了望远镜的观景台，第9层专门用于艺术展览。凌云阁不只是一座建筑，还是大众文化娱乐的早期象征。在歌川国贞所绘的一幅笔触优美、虚实结合的画作中，凌云阁周围的开放空间里挤满了风筝、热气球和降落伞；在高塔的某一层上，一个跳伞人似乎正振奋精神，准备跃入空中。

由木子清敬领衔的日本建筑师们设计的新宫城于1889年竣工。宫城恢复了经典日式建筑形制：一系列木亭和长廊曲折相连，俯瞰着下方庭院。当代的融合之风也在皇宫中有所体现，比如说砖砌的烟囱、镶木地板、印花地毯和维多利亚风格的家具。如果可用建筑来隐喻，那么用皇宫来喻指时代是再合适不过的了——天皇在接见外部人员的侧殿（东庭）中会穿着陆军元帅的制服，打扮成一位现代君主的模样；而在西庭中则换上传统的日式着装。他的大部分近臣也仍然穿着传统服饰，请求皇室先祖庇佑天子与社稷的古老仪式在皇宫后院的神道教神社举行，在这些仪式中，天皇会身着御袍。与开明君主的头衔相称，皇宫有自己的发电机，而且天皇是日本第一位让住所沐浴在电灯灯光之下的人。

这些明治建筑不少仍然存世，比如由肯德尔设计的尼古拉大教堂（位于今天的御茶水）。剧作家长谷川时雨*有时会与她的姨母一起住在神田川。她不经意间瞧见一个“新世界”出现在了她家门口：

> “她带我去看了建设中的尼古拉大教堂。我住在姨母家里的时候，第一次有机会听到了小提琴、钢琴和管弦乐队奏出的乐声。在我们住的下町区，实际上没人了解这些乐器和它们的声音。因此，这就是我闻到的第一缕西方的味道。”

如果长谷川真的踏入了教堂中，她一定会闻到更重、更浓的“西方的味道”。在这里，圣幛（分隔教堂内殿用的屏帷）之上铺满了一幅幅从俄国送来的宗教图画，缤纷亮丽，阳光透过彩色玻璃窗打在一排十字架上，熠熠生辉。教堂外观有一丝拜占庭风格，更像一座清真寺而不是俄罗斯东正教堂。这与肯德尔的设想有些出入。他对摩尔式和撒拉逊风格的喜爱有时候不得不让位于后台老板的要求。今天，大教堂周围的建筑越来越多，然而在破旧的折扣店和千篇一律的办公楼之间，我们仍然能窥见教堂的圆顶，从而略微能体会到过去它在东京天际线中的主导位置。

---

* 日本第一位被公众认可的歌舞伎剧作家，亦是《明治文学集》中出现的唯一一位女性。——编者注

更重的西方味要往筑地去找寻，外国人定居点正建在那里。定居点于1869年开业，但是直到第二年才正式投入使用。从那里可以坐船前往横滨，附近的新桥也是未来到横滨的铁路的始发站。筑地位于隅田川下游，仍有些偏远，因而无论是平民的东京还是贵族的东京，临时住在西式木屋里的外国人都触碰不到它的中心。这正是它最后被遗弃的原因。1872年银座大火之后，许多外国人离开了定居点前往横滨，留在筑地的只有教师、传教士和在公使馆工作的外交官。定居点仍然在发挥它的功用，直到1899年7月治外法权被废除之时，定居点被彻底遗弃。此后，外国人可以自己决定想住哪里。

筑地的外国传教士在定居点之外也有一定的影响力。这种影响力源于青山学院大学、立教大学、明治学院大学、女子大学等一批高等学府的设立。早在1858年，松平氏的家臣福泽谕吉就在筑地成立了一所西学院校，即后世的庆应大学。福泽是一个改革派自由主义者。他的著作，比如1872年的《劝学篇》(学問のすゝめ)，曾被渴求新思想的文化人如饥似渴地阅读。福泽曾言“天不造人上之人，亦不造人下之人”。明治政府渴望基础设施的强化及现代化，却并不那么热衷于社会的改革，因而对福泽的这些言论相当警惕。

尽管身居高位，思维独立，福泽依然不可避免地受到了时代与生长教育环境的影响。仔细审视之后，我们会发现他所宣称的“人人平等”有点儿徒有其表。1885年福泽发表了《脱亚论》，这篇广为流传的文章清晰地传达出了他对中国和朝鲜几乎不加掩饰的鄙视。他形容两个邻国是未开化的，因而不值得日本真正与之为友，他继而建议国人“与西洋文明国共进退”。听从了福泽的忠告，日本开始模仿欧洲的殖民模式；然而，这一模式在下个世纪中叶就濒临淘汰。与英国、法国和荷兰一样，日本将成为一个帝国主义强国，以牺牲自己的臣民为代价去践行地区霸权。正如福泽所主张的，日本在一步一步占领亚洲大陆的同时，也渐渐将自身从亚洲价值中割离。而从长远的角度来看，这对日本的危害更甚，以至于直到今天，在与邻国的交往中麻烦不断的日本仍需处理它的贻害。

比起结盟西洋与帝国主义扩张理论，当代商业上的惊人发展所带来的好处更为立竿见影。江户的居民们似乎生下来就会做生意，江户成为一个全球市场只是个时间问题。三井家的财富来自于为幕府提供银行服务和一家名为越后屋的服装店。到了 20 世纪中期，越后屋成为日本第一家西式百货商店——三越百货。和美国同行沃纳梅克百货一样，它吸引人之处不在于直白的商品销售，而是通过季节性的展览和陈列来推广文化，这种做法很快被其他商店纷纷效仿。白木屋同样曾是江户时代的店铺，现在它成了日本第二家开业的百货商店，位置就在三越旁边。随着高岛屋和三越这样的大型百货在银座和京桥地区开店，这些地区很快发展成了重要的零售业中心。1869 年，当时最著名的书店“丸善”在日本桥地区开业，同时销售日语和非日语书籍。

商业需要新的交通方式来配套，而这些必然又是由西方来供应。1872 年，政府从英国筹集了一笔贷款，用来建设东京横滨与品川之间的铁路。在首席工程师艾德蒙·莫雷尔的监督下，114名主要来自英国的监工、工头、火车司机、锅炉制造工、铁匠，以及不计其数的日本劳工们共同铺设了长达24千米的铁路线。仅仅一个夏季，铁路就通到了新桥。

铁路启用仪式带有明显的欧洲味道，现场参加人数众多，大约有6—10万人。天皇乘坐着一辆英国劳里－马弗尔公司生产的敞篷四轮马车抵达现场，人们唱起了由英国乐队指挥约翰·W.芬顿作曲的新国歌；接着，一群来自国内外媒体的记者与天皇陛下一道搭上了去往横滨的火车。这大概是他最后一次穿着传统服饰出现在这样的场合；皇后选择了西式正装，出场时手里打着一把遮阳伞。英国的铁道官员在横滨迎接了天皇。他们头戴高高的礼帽，身穿双排扣长礼服，仿佛正在参加维多利亚女皇举办的正式游园会。这次仪式仿佛是一出迎合大众口味的古装剧，而导演出这些第一代日本古装剧的，正是博采众长的时代本身。

1872年火车正式投入运营，车票分成三档，最低票价依然相当于一个普通劳工收入的9倍。火车是进步的象征。政府颁布了规范乘车行为的严格规定，比如进入车厢之前不得脱鞋，朝窗外小便将会被罚款。住在横滨与新桥之间的农民看着火车在他们的农田间呼啸而过。他们把火车当作火龙，有的人会在火车通过时下跪以示敬意。

新的版画很快就开始描绘喷着蒸汽在山野稻田间穿梭的火车，富士山仍然是背景。火车是这座新商业城市的一部分，它更是机械化的标志，带来了隆隆的进步之音。诗人正冈子规住在东京市中心较为清净的根岸地区，在 1900 年所作的短歌中，他描绘了城市所剩下的些许寂静是如何遭到破坏的：

“月下忽见上野林，
窗动屋摇火车来。”

正如将日本文坛和思想界封在与世隔绝的气密瓶中的瓶塞突然迸落，尼采的无情批判、易卜生的戏剧、托尔斯泰的自我与左拉的社会剖析涌入了这个过去被佛教、儒学、神道和大量迷信所定义的世界。康德和黑格尔等人的作品也被大学毕业生、知识分子和自由思想家们争相阅读。在下一个时代，严谨的读者们会去寻找克尔凯郭尔、冯·哈特曼、海德格尔和政治理论家卡尔·马克思的著作。

另一些刺激形式似乎让思想的碰撞多了几分趣味。一开始，表演能剧的著名演员们在被剥夺了武士身份之后似乎难以维持生活，不少目击者曾描述这些曾受人敬重的艺术家提着篮子沿街叫卖。然而，一旦人们意识到能剧能够成为展示日本艺术的窗口，如同歌剧与芭蕾之于西方，他们就会着手采取措施来复兴这种艺术形式。1881 年，明治贵族们在芝公园建造了一座能剧剧院。在喜多和观世家族的带领下，四大能剧流派在东京各地建造了一批对公众开放的剧院。

决心净化歌舞伎的市川团十郎（九代）穿着一件燕尾服在新富座的观众面前进行了一次演讲。他宣称：

“在过去的几年中，剧院里已满是污秽，散发着粗俗与残忍的臭味。我，团十郎，深感痛心。在询问过同事们的意见之后，我决意去疴除弊。”

为了使歌舞伎获得更多的社会尊重，三座歌舞剧院舍弃了它们的下町观众，搬到了更有档次和名气的地方，比如东银座。1873 年，东京新建了 5 座剧院，大部分都在山手地区。一个剧院改革协会提出了歌舞伎“改良”的概念。作为对改革后的新歌舞伎的认可，明治天皇观看了 1887 年的一场歌舞伎演出——这一举动在 20 年前都是不可想象的。

1879 年 7 月 4 日，天皇被正式引见给美国前总统尤利西斯・S. 格兰特，这是天皇的手第一次触碰一个西方人的身体。就在十几天后的 7 月 16 日，格兰特一家在高档歌舞伎剧场新富座参加了为他们举办的歌舞伎晚会，在与格兰特一家同坐特等席的人中，有一位名叫克拉拉・惠特尼的年轻美国人记录了一队新桥艺伎跳舞的场景：

“每个女孩穿的衣服上染着我们那亲爱的星条旗，她们的头发上戴着一圈闪闪发光的银星星……她们的束腰带是深蓝色的，木屐是红白相间的。现在她们拿出了扇子，扇子上一面印着美国国旗，另一面印着日本国旗。”

这是娱乐与友好外交的非凡结合。格兰特向剧院捐赠了新的幕布。伟大的歌舞伎演员团十郎穿着燕尾服登台亮相，感谢贵客们拨冗前来。歌舞伎演员身着这样的服饰出场，这背后的含义耐人寻味。

澳大利亚人亨利·詹姆斯·布莱克是当时东京娱乐界最出色的表演艺术家之一，他的父亲是一个有名的出版商。一门心思要当艺人的布莱克后来拜在了著名的讲谈师（一种日式评书的说书艺人）松林伯圆门下。布莱克在寄席中的早期亮相在观众中引起了轰动。一个外国人，日语流利得一点也不比本地艺人差，还向他们讲述了圣女贞德和查理一世这些历史人物的扣人心弦的故事，这令观众们兴趣大增。布莱克接下来又向在艺界颇有影响力的三游亭家族学了落语，这是一种由讲谈演变而来的表演艺术。落语界的领头人物三游亭圆朝交游甚广，与各类作家的关系都不错，这帮助布莱克创作出了更为严谨、周虑的故事，比如超自然的《牡丹灯笼传说》。他还喜欢将西方文化作品比如莫泊桑笔下的故事《弑亲及其他》，改编并融合进他自己的落语剧目中。他给自己取了个艺名“快乐亭”并热衷于扮演各种各样的角色，甚至在歌舞伎舞台上试过“女形”（男演员扮演女性角色）。他的第一个角色是《幡随院长兵卫》中的长兵卫。

1877 年，明治政府取消了女性不得参与公共演出的禁令，女人们重新出现在了由男性主导的舞台上。她们很快作为弹唱人登上舞台，被人们称为“义太夫”。她们在净瑠璃剧场为演出提供音乐伴奏或旁白，不久后将华丽的和服换成了男式衣裤。东京大学的年轻人为他们喜欢的艺人成立了粉丝俱乐部。1900 年，官员们认为剧院中的女人会让学生们堕落，当地政府实施了一项禁止男学生参加义太夫演出的法令，其实这种没什么事实根据的担忧，他们的江户前辈们也曾有过。

除了各种戏剧与时尚之外，外国人还把许多外来物种也带进了东京举办各种展览。例如在马六甲海峡活动的荷兰人花了100美元从当地买了两只老虎，再以3000美元的高价卖给日本人展出，赚取了暴利。1863年初，一个葡萄牙商人带来了一头3岁大的印度象，令东京人兴奋不已。这头母象在旧两国地区的休闲娱乐区中展出，并登上了从冬末到初春几乎所有印刷品的版面。爱挖苦人的新闻记者仮名垣鲁文因此为歌川芳丰的一幅二联版画写了一则评论，文中他将外来物种的到来想象成某种形式的朝贡："我们神圣土地的光辉已经照耀海外，那些外国的稀罕物品和珍禽异兽都是他们进献给我们的。"仮名垣还认为大象身负超自然力量，他又声称：

> "它能理解人们说话，能猜到人们的感受；它能扑灭大火，也能祛除有害的疫病，还能赶走所有的毒物。只消看它一眼，七灾立减，七福顿生。"

1871年，法国人苏利耶经营的苏利耶马戏团正式将马戏表演引入了横滨。同年12月，马戏团在招魂社（即今天位于九段下的靖国神社）演出，获得了观众的阵阵喝彩声。相比之下，马术比赛是当时更为常规的娱乐活动。1884年11月天皇参加了赛马场的开业典礼。

在纪念这一盛事的版画中，我们可以看到官员们争先恐后地挤入露天看台，庆典用的船只漂浮在不忍池中，烟花从竹筒炮中射入天际。赛马场只使用了 10 年，它围绕上野不忍池而建，可以说极大地破坏了当地美丽的自然环境。

1875 年之前，有许多人像摄影师在东京和横滨设立了工作室。在街头巷尾的小店里随处可见当时流行的艺伎和演员的照片，粉丝们争相购买，商人们从这些买卖里赚了不少钱。紧接着日本便迫不及待地发展起开创性的电影工业。1897 年，日本进口了卢米埃尔电影放映机；不久之后，托马斯・爱迪生的维太放映机也可以在东京见到了。同年，摄影师浅野四郎引入了第一台电影摄像机，开始记录东京街头的景象。三越百货甚至成立了自己的电影部门，派出摄影师去摄录银座的艺伎和街头生活。新成立的日本电影协会所拍摄的艺伎舞蹈片在歌舞伎座开始放映，尽管票价并不便宜，现场仍然座无虚席。日本电影公司，也就是后来的日活公司，在隅田川东岸的向岛新设了一座大型摄影棚。到了 1914 年，公司平均每月拍摄的影片竟有 14 部之多，令人印象深刻。早期的新闻片也在这一时期问世。

涌入浅草地区的巨大人流总是要经过浅草寺附近，那里为各种娱乐活动提供了足够的空间，而这些活动很少直接与宗教有关。歌川广重在 1871 年所作的一幅版画描绘了大法兰西马戏团在寺院周边进行的一些表演；另一幅由歌川芳盛在 1887 年绘制的版画中，朝圣者们沿着环山的道路爬上了一座富士山的复制品。这一设施位于花屋敷区（花园）附近。除了吸引人眼球之外，它还为因年老、残疾或贫穷无法去富士山朝圣的人提供了替代品；女人被认为会污染神圣的仪式，不允许登上真正的富士山，因此她们可以登上这座假山。从山顶上放眼望去，真正的富士山就矗立在远方的地平线上。

此时，众多游郭依然在为人们提供独属于它的娱乐和消遣，而且与江户时代全盛期时的游郭没什么不同，除了时常可以看到西洋人在游郭的柳巷中徘徊。密福特在 19 世纪 70 年代拜访了吉原，发现那里几乎原封未动。他声称，“夜幕降临之际是最佳的游乐之机”，人们能看到女人们“并排坐在一个又长又窄的笼子里，木栏杆正对着车来车往的街道。她们会在那里坐上几个小时，华丽的丝质衣袍上绣着金丝银线，不言不语，一动不动，仿佛是一尊尊人物蜡像”。

然而，游郭也迎来了变化。造成这些变化的既是平塚雷鸟这样的女权活动家提出的改革倡议，也是樋口一叶*这样的作家笔下的文字。樋口描写了被肮脏沟渠围绕的吉原边上，年幼的孩童们如何艰难地生活。她也让公众们知道，游郭的许多客人要比密福特刻薄得多，在他们的苛责和刁难下，游郭中的女子又是多么容易受到伤害。1900 年，政府通过了一项法律，允许合法游郭的女人们自行决定去留。1100 名吉原女性选择离开，吉原游女的数量在一夜之间骤减，许多过去盛极一时的妓馆纷纷倒闭关门。

* 19 世纪日本优秀女作家、日本近代批判现实主义文学的早期开拓者之一。——编者注

在这一时期，吉原的客户质量似乎也有所下降。酒鬼和流氓开始出现在游郭中，他们对游郭里的规矩和礼仪视而不见。在当地低级妓馆中工作的男人们不得不尽量避免被卷入争吵，因为这些口角有时会演变成致命的斗殴。因此当那个时期的男人离开家去工作时，妻子会在他们身后击打火石。这些打出的火花既能净化晦气，也是一种保护他们不受邪恶滋扰的仪式。作家永井荷风在留洋数年之后再次来到游郭，在他的记忆中吉原曾以它四季变换的诗意而闻名，然而现在已经没人在意这一点了，那里甚至还开起了一座座西洋啤酒屋。这一切令永井荷风在震惊之余心中不禁黯然。“目睹一个颠倒的世界之后，”他写道，“我心中的眷恋褪去了。”

对那些财力足够的人来说，最时髦的两个艺伎区在新桥和柳桥。荷包不够鼓的男人可以光顾深川，那里坐拥着至少七座无照游郭。这个地区超出了市政管辖范围，游郭中最贵的游女们把自己称为艺伎，她们当然不是真正的艺伎。深川游女们的一个特征是不穿足袋（一种搭配和服的白色短袜），哪怕是在寒冷刺骨的冬日。如果穿上袜子，就无法看见她们的趾甲，或者更确切地说是趾甲上涂的红色——一种与情色有关的颜色。

但是，坚定不移的国家野心给娱乐和大众文化降了温。这一国家的雄心壮志在让人奋发图强的座右铭、振臂一呼的口号和与时俱进的宣传标语中可见一斑。其中一句口号是——“追赶！超越！”（追いつけ！追い越せ！）这句标语更像是一道命令，而非是给予人希望和鼓励，它很好地代表了时代之志。电灯首先被安装在大工厂里，其次才出现在私人住宅中，这突显了工业发展的优先性与迫切性。为了把东京这座首都变成展示日本现代化成果的窗口，更是为了凭借这一点给越来越多来到日本的外国人留下深刻印象，东京城建起了一批模范工厂。这些工厂的落成和运行在很大程度上依赖于外国设备和技术顾问。深川建了一座水泥厂、一座化肥厂、一座西式造船厂、几座纺织厂以及一座制糖厂。王子*有了几家造纸企业，品川出现了一家玻璃工厂，本庄**落成了几家皮革加工厂、火柴厂和一家建造火车车厢的工厂。

工厂的增加带来了人口的膨胀。东京在19世纪60年代大约有50万人口，而这一数字到19世纪90年代就翻了一倍。1907年，它的人口数达到200万，并在1920年时上升至300万。在这数十年中，工业和商业飞速发展，大量的农民工涌入城市寻找工作。许多人成功就业，但是报酬与工作条件通常很糟糕。城市边缘逐渐出现了新的社区，原来的那些区域已经拥挤得让人无法忍受。

1875年，一大批造纸作坊和造纸厂建在了王子的郊外地区，随即这里的工人和他们的家庭居住地就成了一个巨大的贫民窟。神田川沿岸如雨后的毒蘑菇一般冒出了大量的新工厂。工厂所在之处就有居民集中区，而在这些街区几乎都是卫生条件堪忧的贫民区。在这些地方居住的人员鱼龙混杂，包括了罪犯、街头艺人、乞丐、失业者、一无所有的民工和各种游民，还有许多人

---

*　东京都北区的町名。现行行政地名为王子一丁目至王子六丁目。——编者注

**　关东地区埼玉县西北部的城市。——编者注

从事所谓的赤膊职业，比如人力车夫和劳工。最大的三个贫民区是北面下谷的万年町、南面芝区的新网町和西面四谷的鲛河桥。这些贫民窟的地方不久后被人们称为“スラム”，即英语单词“slum”的日语音译。

当富人的客厅被电灯照得通亮时，大多数的东京居民还处于一片昏暗中。当人口不断膨胀、大部分居民却居住在恶劣环境中时，城市就开始发臭。原因之一是废弃物难以处理。在明治时代晚期，城市已扩张得过于巨大，郊区的农场离得太远，以至于粪车无法及时清运市区的各种排泄物。每当下雨的时候，原来用来给稻田施肥的污水流入自然与人工的河流中，污染了江户时代城市引以为傲的地下水系统。1887 年，东京的一所大学聘请了苏格兰人威廉·伯顿为卫生工程学教授来解决这个问题。糟糕的水质和由此带来的健康问题在伯顿的努力下得到了一定程度的改善。伯顿的第一个办法是用砂滤器来改进净水流程，他的另一项举动是发起了几座淡水储存水库的建设。

作家、慈善家以及我们今天称之为社会福利工作者的人们开始对各种城市病以及它们所导致的贫困问题进行深入研究。就像欧洲同行亨利·梅休、布思和迪肯斯一样，作家横山源之助试图在其著作《日本之下层社会》中将东京三大贫民窟的困境引入公众的视野。其他一些著作，比如松原岩五郎的《最黑暗的东京》也提到了这些内容。

如果你确实口袋空空，至少还能在最低端的住宿场所“木赁宿”里凑合一晚上。浅草区有许多这样的住宿点，在猿町、永住町、花町、广尾町等分区中亦是如此；不过，木赁宿最集中的地方是深川区的富川町。据统计，明治时代末年，那里登记的同类旅馆有 186 家；附近的本庄区同样也有大量的木赁宿。劳工和夜排档经营者是这些低级旅馆的主要客户，他们有时候甚至会在那里连续住上好几个月。不过，此地的外来客也经常通过旅馆召妓。对真正一无所有的人来说，还有少量的免费住宿点“无料宿泊所”可供选择，这些福利设施也能帮助没有工作的人就业。

隅田川下游曾是泥瓦匠、石匠、箍桶匠、泥水匠、木匠和裁缝等手艺人的居住地。在明治初年，一批新工厂迁入当地，包括生产砖块、人力车、西洋服饰、鞋子和瓦片的工厂。这些企业需要更大的生产空间，而拥挤的家庭作坊之间不可能再挤出一方如此大的天地。随着生产规模的扩大，更多的工厂建在了隅田川沿岸更上游的区域，特别是千住地区。1879 年，大型的千住纺织厂已经落成。到了世纪之交，纺织厂有员工近 2.5 万人。继纺织厂后，1886 年东京纸板公司在当地成立，1893 年东京燃气公司成立。19 世纪 90 年代，东京湾沿岸的京浜地区积极发展起了另个大型工业区。

在日本的工业革命进程中，妇女受到了残酷的剥削。女性厂工居住在拥挤、卫生差、臭气熏天的宿舍里。她们经常拿不到报酬且受到殴打和性侵，许多走投无路的年轻女人被迫自杀。不管在哪里，工作总是充满危险；工伤补偿要么没有，要么就少得可怜；工厂内的环境炎热、潮湿，充满恶臭，无怪这些工厂是结核病的高发地区。建造这些工厂的人幼稚地认为工人们还保留着他们的农奴思维——骨子里仍然对封建主忠心耿耿。事实上，这是无产阶级启蒙运动的黎明，厂长联合会、工会和工人运动开始出现在历史的舞台上，对公民权利、社会改革和言论、集会及新闻自由的广泛需求让农奴假设化为泡影。即使教育程度最差的工人们也意识到，正是劳苦大众的极端贫困供养了精英们的奢侈和新玩物。

19 世纪的现代化给城市景观带来了翻天覆地的变化，而转变的方式也从温和的潜移默化变得更为直接而剧烈。最明显和直观的表现是电线和电线杆交织成的天罗地网。1897 年，有着希腊－爱尔兰血统的拉夫卡迪奥·赫恩（小泉八云）见到这座城市时，这些巨网给这位时常孤影自怜的作家留下了“恐怖的印象”。到了 1880 年，东京天际线的大部分都装饰着电报线和电缆。放风筝在江户本是传统的消遣，却因此被认为具有潜在危险，成了非法活动，直到今天依然如此。

仿照巴黎、费城和伦敦水晶宫的同类展会，上野公园举办了一系列工业博览会。人们成群结队地涌入公园，那里已经成为获得知识的开放式校园。虽然政府积极发展工业，讨论进步与文明，关注如何解决穷人的困境，但是提高女性地位并不在新政府的日程表上。当时的情况让一些女性开始接受不激进的意识形态，比如政府主义、工团主义和布尔什维克主义。一批颇具影响力的西学译作，如赫伯特·斯宾塞的《社会静力学》（1877 年）和约翰·斯图尔特·密尔的《妇女的屈从地位》（1879 年），让明治时代早期对两性问题的讨论更具火药味。无论对女人还是男人来说，进步之风都受制于对政治新闻报道的打压和严苛的法令，比如1877年颁行的更严格的新闻法和诽谤法，以及对公共演说、会议和辩论进行更多的限制。

女权运动起源于杰出女性平冢雷鸟所组织的文学兴趣团体。1911年9月1日，雷鸟主编的杂志《青鞜》（女学者）首次刊发，在社会上引起了强烈抵制。这连雷鸟本人都始料未及。对于这股禁锢女性发展的非理性思潮，雷鸟利用一种强有力的意象表达了她的抗争之心。她写道：

“一开始，女人是太阳，
一个真正的人。
现在，她是月亮，
通过他人而存在。”

对时事感兴趣的女人们可以阅读《妇人公论》和更具文学性、也更激进的《青鞜》。《青鞜》批判了女性的传统角色、家庭制度和婚姻，倡导自由恋爱。这些主张不可避免地让杂志具有了一定的争议性。在较早的一期杂志中，雷鸟在她的文章中这样问道：“为什么失去童贞是不道德的？为什么人们不分青红皂白地批评失去童贞的未婚女人？”

随着日本人掌握了西方的科学技术，他们对西方的敬重与顺从渐渐减少了。他们建造了一支强大的军队，通过在远东创立自己的帝国来反抗西方，对自己的能力也变得更为自信。日本的政治体制不完全符合绝对独裁的标准，但是推翻了古老幕藩体制的新政体仍然没有跨出专制的范畴，它是容不下多少异见的。1889年，文部大臣森有礼因为所谓的亵渎伊势神宫一事而遭到暗杀；第二年，温和派外相大隈重信被炸弹严重炸伤，他受到袭击的理由是主张条约修订谈判应该缓步渐进。

帝国的扩张也受到了一些批评。幸德秋水在其1901年出版的著作《二十世纪之怪物——帝国主义》中揭露了殖民主义的罪恶。他与其他11名社会活动家被人罗织了图谋暗杀天皇的罪名，受了绞刑。然而，占领朝鲜和中国的军事行动很受公众的欢迎。

与中日甲午战争（1894—1895年）一样，日俄战争（1904—1905年）受到了公众的大力支持。然而，随着战争的结束和日本的大获全胜，公众的怒火却在日比谷公园中爆发了。他们对《朴次茅斯条约》（1905年9月签订）中对日本不那么有利的条款感到不满，也恼火于因战争的花费而下降的生活质量。日比谷公园成了他们用暴力示威表达不满的地方。这场由日本发动的战争开销不菲，几乎让国家破了产。因而当日本无法获得战争赔偿的消息传开之后，一些人开始在城中大肆破坏。这支无法无天的队伍规模渐渐扩大，后期达到了3万人左右。在接踵而至的暴乱中，人们在东京的闹市区推翻警察的岗亭、点燃教堂和有轨电车、抢劫店铺，支持条约的报纸《人民新闻》在银座出云町的大楼也被焚烧。据史料记载，爆发的暴力活动导致了17人死亡，超过1000人受伤。这迫使政府宣布了戒严令。天皇震惊地听到警察驱散公园的人群的枪声，喊道："宪兵向百姓开枪了！"在政府对城市进行戒严之后，打砸抢烧被镇压了下来。

同时，26 人共同密谋了一次对天皇的暗杀行动。他们计划在天皇前往青山视察部队的途中对天皇的队伍投掷炸弹。政府飞速地将他们逮捕，进行了秘密审判。空气中弥漫着死亡的气息。在刺杀计划失败的一年之后，天皇病入膏肓。人群在皇宫附近的开放空间中聚集，拜倒在地祈祷天皇的康复。1912 年 7 月 30 日 0 时 43 分，明治天皇死于心力衰竭。

天皇的葬礼于 9 月 13 日举行。葬礼当夜，两百万人在出殡队伍行进的路线上夹道而候，恭敬无声。明治时代标志性的嘈杂喧闹——有轨电车的叮当声、电报线的嗡嗡声、手提钻的轰鸣声和工厂的喇叭声——在哀悼期间被一片寂静所取代。人们注视着灵柩缓缓行过，沉默得如同鬼魂，整座城市仿佛回到了没有任何机械的江户世界。夜幕降临，出殡的队伍点燃了涂着松脂的火把。铺在出殡路线上厚达 60 厘米的沙层吞没了送葬人和拉着灵柩的公牛的脚步声。唯一能听见的，只有沙中"倏倏"的步履声，公牛吃力的喘息声和车轴转动时发出的"嘎吱"声。

9 月 13 日当夜，就在帝国军队鸣枪宣告明治天皇的灵柩已经出发的时候，乃木希典将军——在日俄战争中功大于过的英雄——为天皇殉死。这是一种家臣追随主公而死的古老仪式，历史上鲜有出现。在为自己剖腹之前，将军帮助妻子割断了她的颈动脉。公众对这件事的反应褒贬参半。有人批评这种行为是倒行逆施的；民族主义者则称赞这是对天皇尽忠的终极表达方式。西方媒体同样对此各执一词。在将军之死的 7 周年纪念日上,《日本时报》赞颂了将军的义举与精神，而《日本纪事报》则反思道：“我们都知道乃木将军拥有高尚的品格，是那么刚正不阿和富有军事才华。如果将军留下的名声中只有这些，他能够获得多少这样的荣誉？”矢岛楫子——反对性交易经营场所的活动家和净化公德运动的斗士——对将军的妻子颇为敬畏。她把将军之妻的自杀描述为一种爱国主义举动，是一种“美丽的行为，真正体现与弘扬了爱国忠君之道”。

坚持这种行为不怎么高贵，或者与高贵根本不沾边的怀疑论者，可以从报刊媒体刻意掩饰的验尸官报告中找到支持的证据：乃木将“两个瓶塞大小的塞子插入直肠，以防止死后体液渗出”。无论持何种立场，没有人能否认，在明治时代背弃种种旧价值观的大背景下，乃木之死是一种耻辱；而在接下来的新大正时代，人们也将与这些旧日余烬渐行渐远。

对于天皇的逝世，民众所感受到的哀痛以及深沉的失落感，来源于他们作为天皇臣民的身份认同。许多人就出生在明治天皇统治下漫长的转型时期，这个时代将日本建成为亚洲最发达的国家，但是它也孕育了民族主义、军国主义以及受国家神道影响下的帝国主义。正是这些极端思潮推动着日本走向了毁灭之路，使它在“二战”中几乎被完全摧毁。

不是所有人都支持这种揠苗助长式的剧变。日本文坛巨匠之一的谷崎润一郎在年轻时曾哀叹城市过去的实体结构已不见了踪影。他写道：“我的城市啊，粗野的武士们糟践了它。昔日江户的每一丝痕迹，现今都已逝去。”永井荷风有同样的感受。回首这座已然在明治时代的脉动中崛起的城市，他写道：“任何一座城市，如果模仿西洋到了东京这样的程度，见者唯有惊愕，唯有悲怆。”

纵贯日本历史，明治大集市是一个最好的时代，也是一个最坏的时代。

明治神宫的一盏宫灯。与许许多多的东京文物一样，神宫原来的建筑毁于第二次世界大战。它的重建表明，传统可以与进步并存。

（图片来源：Dreamstime © Ponsulak）

TOKYO A BIOGRAPHY

第四章　易燃的城市

帝国的衰落——大地震——大众文化——激进政治——社会动荡

“雪啊，雪啊，快落下吧！浅也好，深也罢。”女性无政府主义者管野须贺子在 1911 年写道，“请高高地堆起，盖住东京这座罪孽深重的城市，像灰烬一样将它掩埋。将这一切景致都夷作平地吧。”对自我毁灭的渴望——渴求着被埋葬在大雪、灰烬或者更可怕的东西之中——即将来临。但是就目前而言，城市生活和都市风光中正在发酵的是另一些大大小小的变化。

古老的江户已经不再，并且无论城市设法从后续的变化中抢救下了什么，都是脆弱无比的。根据作家永井荷风的看法，能够说明这两点的标志性事件是明治晚期的两场灾难：1910 年毁去了大部分下町的隅田川大洪水和 1911 年令吉原游郭灰飞烟灭的大火。不夜之城恢复成了它一直以来的模样，文化的车轴却滚向了不同的方向。

然而，旧城市遗落下的蛛丝马迹仍然留存于隅田川上游。在画师织田一磨 1916 年绘制的版画《东京风景：从待乳山看隅田川》中，从一块隆起的坟地上放眼望去，河道两岸尽是一片青葱翠绿，一两艘扬帆的小船在航道上通行。

尽管如此，进步与扩张仍然是时代的口号。东京举办的贸易和工业展览会受到了公众的大力支持。人群同样挤满了在上野举办的殖民展览会。它于 1912 年 10 月开幕，时值大正时代最初的几个月。这次的展品之中除了日本人从朝鲜国李太子的收藏里顺手牵羊的不少珍宝之外，还有 18 名各地的土著民，包括日本殖民地的原住民和来自日本北部岛屿北海道的一个脸上刺着蓝色刺青的阿伊努族女人。新天皇在 1914 年 6 月 18 日出席了另一场盛会——大正博览会。这场为促进工业发展而举办的展会竟然吸引了 700 万参观者。还有人看到天皇在离开展会前，买下了一袋豆形软糖。

由于昭宪皇后无嗣，所以明治天皇的继承人——大正天皇是由典侍（日本古代宫廷女官）所生。刚登基的大正天皇显然有一定的语言天赋，他能够流利地用法语、德语和英语交流。后来，他的形象看上去相当古怪，各种做作不自然，比如把胡子整得像上过蜡的自行车把手——就像德皇威廉二世那样——不过，大正天皇在他的统治初期是相当受公众欢迎的。

大正天皇在婴儿时期得过脑膜炎，这在一定程度上导致了他患有精神疾病，并且情况随着年龄的增长逐步恶化。此外，他长年体弱多病，身体欠佳。不过，这些问题都没能减少他过强的性欲。即使在成为一名神圣的君王之后，这些冲动仍驱使他定期命令侍从找来女人们陪他度夜。他还长期抽烟，烟瘾极重，这进一步恶化了纵欲过度带来的后果。

大正天皇在王室社交圈和国会权力场中受到无情的嘲讽，几乎没有什么尊重可言，这造成了严重的后果。1912 年 9 月，在与天皇会见之后，英国外交官窦纳乐爵士在向伦敦递交的报告中记录了他对大正天皇的第一印象。他指出，在智力上，大正天皇“通常被认为是有所欠缺的。任何人在与他打过照面随意谈上几句之后，就能得出这个结论”。大正天皇在公共场合的表现让政府越来越尴尬。1921 年，卧床不起的天皇被迫将职责禅让给他的儿子——皇太子裕仁（昭和天皇）。此后，太子一直代理天皇处理政务，直至 1926 年圣诞节大正天皇驾崩。

明治天皇，这位君主审视着空前未有之巨变，创造了泽被后世的权力与财富。在他故去之后，人们心神不宁，萎靡不振地迎接了新朝代的开端。填入这个情感空洞里的是渐渐增长的社会与个人自由以及冲天的怨气。媒体开始在国家事务中扮演更高调的角色。它们报道这些进展，从而为公众舆论创造了一个全国范围的交流平台。人们可以在媒体上讨论任何话题，甚至包括宫中的绯闻。大正天皇失势与 1917 年俄国革命以及战后欧洲君主制的崩溃恰巧发生在同一时期。马克思主义在工人与知识分子中拥有了更广泛的吸引力，工会运动变得更加政治化。在这两者的助力下，“一战”时的日本陷入了罢工浪潮，社会和政治激进主义继而迅速高涨，威胁着叫板政府甚至皇室。1918 年 8 月，在粮价暗中上涨之后，大约两百万人走上街头参与到抢米潮之中。在令人不堪忍受的夏日热浪中，人群变得更加暴躁和具有破坏性。商店、警局和教堂都被付之一炬，富人的住宅被抢掠一空。政府绞死了涉嫌带头作乱的人，逮捕了超过 2.5 万名暴徒。

到了 1920 年，东京已不再是世界上最大、人口最多的城市。它现在位列第五，排在纽约、伦敦、巴黎和芝加哥之后。但是城市仍然在膨胀。增长的人口给交通、供水和排污系统带来了出乎意料的压力，再加上越来越严重的住房短缺及水涨船高的房租，社会动荡自然是应声而至。重工业的引进刺激了非技术工人和劳力大量涌入城市。私营通勤铁路线路、分区制、建筑规制以及选定扩展后大东京地区的范围，都属于 1919 年通过的《都市计划法》和《都市建筑基准法》的一部分。两年后，市长后藤新平起草并宣布了《东京市政管理纲要》。这个名字听上去有些乐观的文件实际是一个耗资巨大的计划，也被称为 8 亿日元计划。尽管在当时听上去有些荒谬，但这个计划实质上提供了一张规划蓝图，告诉人们城市的变革需要什么具体措施，又需要多少资金。然而到了最后，决定东京未来的不是规划，而是不可控制的自然之力。

1913 年 2 月 19 日，一股猛烈的西北风吹过神田的旧书店区。晚上，风越刮越大。2 月 20 日凌晨 2 点，三崎町突然燃起大火，四周的建筑瞬间被火舌吞噬。短短数秒，狂风卷起的火星洒落在木料搭建的店铺和住宅上，一路向东南蔓延。30 分钟后，尽管隶属于地方警务部门的消防队竭尽了一切手段，大火还是扩散到了邻近的神保町和猿乐町，夷平了一座座学校、公共建筑、馆舍和旅店。锦町和小川町街道上所有受欢迎的店铺都化为灰烬。临近早晨 8 点，当警察和近卫第一旅团派来的 700 名士兵浇灭了最后一丝火苗的时候，超过 1500 座房屋已毁于一旦。但是没过多久，毁灭带来了新的商机，兜售赛璐珞眼镜的小贩朝着过往的每个行人大声叫卖："最好的防尘护目镜——3 日元，只要 3 日元！"

防灾计划、现代化以及汽车数量的增长使政府决定在 1921 年拓宽银座的道路。曾为街道增添了不少风情的柳树被砍去了。两年之后，人们用由沥青固定的木块铺设了路面。那时候似乎没有人考虑过沥青和木材的易燃性。这种组合将使道路在点燃之后，不需要任何外力便可成为一面可怕的火墙。

1923 年 9 月 1 日，周六，时间可以精确到上午 11 时 58 分，时事通讯社记者大岛升听到一声巨响，他之后将之形容为类似"远处传来的爆炸声"。许多居民刚热起做饭的炉子和烧炭的火盆，开始准备做午饭。这个炎热、刮风的日子实在是个不能再糟的时机——对于发生地震来说。仅仅在几分钟之内，7.9 级关东大地震（日语称関東大震灾）就夷平了三分之二个东京，而一墙之隔、人口高度集中的横滨只剩下五分之一幸存。24 小时之后，第二波震动来袭，之后又发生了数百次小型余震。官方公布的震后火灾有 134 起，实际上真正的火灾数目应该更多。

23 岁的裕仁皇太子当时正在赤坂离宫享用午餐。身在离宫花园中的安全地带，皇太子眺望远方，看到熊熊烈焰中升起了黑色烟柱。太子本人是否知情不得而知，但是震后负责重建古城堡要塞受损部位的建造者们在宫城中偶然发现了许多直挺挺竖在墙壁内的人骨架。这种名为“人柱”的可怕景象让人想起了一种古老的风俗——用来祭祀的活人被封葬在河岸、桥梁和城堡中。人们相信这样的献祭能够安抚神明，让建筑物更加坚固。这些“人柱”的存在为这座城市又添上了几笔魔幻的悲情色彩。

小巷子里挤满了小作坊和木宅，许多房屋外挂着的床垫此时正好成了引火物。火焰很快便将这些一贫如洗的拥挤居住地吞噬殆尽。大火中约有 40 万栋建筑被毁，63% 的东京人口无家可归。大面积的明火带起的风和气旋让火势以极快的速度蔓延。中心城区的过火面积达 90%，城市整体面积的 44% 被烧毁。

连河流也阻挡不了东京的大火。两国桥和吾妻桥这样的桥梁上挤满了人，尽管很少有人能够成功逃生，桥的两头都在燃烧。作家船木义江（音译）回忆，那时候人们站在救生船甲板上，漫天的火花掉落在他们身上，点燃了头发，让他想到了火神不动明王。另一场在东本庄区军服仓库中爆发的大火造成了更为严重的后果。这个 8 万平方米的仓库里堆有大量的服装、皮箱和家具，人群在这里避难。人们本以为仓库能够起到防火隔离带的作用，然而当他们安顿下来之后，一个恐怖的现象发生了。大火在日本桥商业区汇合了，之后突然就跳过了河流，浅草的火焰同样跨过河与本庄的大火融为一体。独立火情的相互融合进一步加热了空气，热空气上升后，巨大的真空在大火之间和上方形成。这样产生的空气对流将两处火焰吸在了一起，变成了一种超级火龙卷，足以焚尽所到之处的一切。有些人被火焰旋涡卷起，成了一个个炽热的火球，又被抛到地上；另一些人则沐浴在掉落的火花中，全身上下都被点燃。据统计，大约有 4.4 万人死在了仓库中。他们烧成了灰的尸体被收集在波纹铁制成的粗糙容器中。

官方记录的死伤和失踪人数共计 10.4 万人，其中 5.2 万人受伤，4.3 万人下落不明。东京城 73% 的房屋受损，63% 的房屋完全损毁，其中包括了 3633 座佛教寺院和 151 座神道教神社。超过 200 座基督教堂遭受了相同的命运。从上野公园的山坡上看去，天皇的宫城就像是一座熄灭的死城。

人们找到一些开阔的空间搭设难民营，权宜变通胜过了礼节规矩，数万人住在日比谷公园和芝公园；成千上万人在明治神宫、浜离宫和新宿御苑中宿营；宫城外的开放空间很快也被征用了。新的居住者需要应对许多卫生问题。他们的解决办法是在宫城的护城河里洗澡，把洗好的衣服挂在天皇居所前的松树上晾干。年轻的摄政裕仁向地震的受害们捐款，在紧急事态中表现得体。他推迟了自己原定于 11 月的婚礼计划，还多次下诏书表示对灾民的慰问。

纸质媒体紧紧咬住这场灾难不放，把它当作了未来几年内最能引起观众兴趣的故事，期盼它能让发行量翻上几倍。未经证实的新闻报道、谣言和推测煽动着人们焦虑的情绪。人们根据一系列恶意的谎言，认定朝鲜人涉嫌放火、抢劫私人财物和在井水里投毒，并认为是他们激发了各种反政府行为和言论。在官方层面上，内务省官员后藤文夫加剧了民族间的仇恨。他发电报给警察，命令他们逮捕据说犯了纵火罪的朝鲜人。右倾报纸《北海时报》用类似的报道激起了更多的愤怒。某谣言声称 2000 名朝鲜人与政府军队战斗，并且有一支朝鲜军队正在逼近东京城郊。

朝鲜人是很方便的替罪羊。警察队伍、臭名昭著的黑龙会、军事体育俱乐部以及任何有个人积怨或旧账要清算的人，都能把朝鲜人从他们居住的贫民区里揪出来。社区中匆忙地组建起装备了竹矛、铁管、大头棒和剑的治安联防队。这些志愿参加联防的日本人缺乏理性的判断力，行动也没什么纪律可言。他们把朝鲜人从居住和工作的地方拖出来活活砍死；另一些朝鲜人被吊死在电线杆上，或者被活生生地放在油桶里烹煮；那些没有通过日语考试的人被假惺惺地审判，然后被斩去头颅。

警察利用这种歇斯底里的情绪在清除左翼异见者的大扫荡中逮捕社会主义者、劳工运动组织者和共产主义者，其中包括能言善辩的工会领袖平泽计七和其他 9 名社会主义者，他们被带到龟户警察局处死。激进分子大杉荣，他的同居伴侣、女权主义的宣传者和书刊编辑伊藤野枝，以及伊藤 6 岁的侄子都遭遇了相似的命运。他们被带入警局审问，一个警察认为他们的行为有损国家利益，便在晚些时候将几人扼死在囚室中。据非官方估计，被屠杀的朝鲜人和社会活动家达 6000 多人。大约在一周后，政府介入，叫停了流血事件。然而这场大屠杀的凶手们只有很少一部分被起诉。

1923 年的这场灾难被特意完整地记录了下来。目击者们将他们的见闻描述在日记、报纸、杂志和拓印的版画中，并将他们感受到的恐惧永久地保存在了流行歌曲中。明信片起到了社会评论和影像记录的作用，那上面偶尔可能出现相当悲惨的画面，比如尸体漂浮在运河和沟渠中，或者被堆成一座座如印度教火葬柴堆一般的小山；另一些卡片描绘了房屋的废墟，在火中惊慌失措地逃窜的民众，临时搭建的营房式住所，甚至还有一头从浅草的游乐园中逃走又被捉住的大象。如果我们觉得一些卡片的审美很有问题，那么对于江户桌面游戏“双六”的重新出现和流行又该如何看待呢？这款改编版的双六于1924年开始流通售卖，纳入了有特色的地震场景。棋盘的方框中描绘了痛苦的难民、营地医院和狂风下漫天的大火。当玩家在棋盘上移动了特定的一步之后，他前进的方格中将是一幅幸存者们抬着一具尸体的图画。

电影导演黑泽明曾讲述自己被哥哥带着穿过遍地的尸骸。他看到“尸体堆成了一座座小山，一具焦黑的尸体以莲花式坐禅姿势盘坐于其中一座山的最高处”。川端康成则用更具诗意的方式描述了浅草娱乐区六神无主的幸存者们，把他们比作“乱花丛”。当时他正绕着池塘，在一片废墟中巡视。和他在一起的是芥川龙之介，这位作家对食尸鬼的兴趣是众所周知的。芥川描写当时情景的手法要更写实一些，他请读者们“想象千百男女好似在一锅烂泥中被煮熟。池塘岸上四处散落着浸满了泥水的红衣，因为大多数的尸体是曾经的名妓”。池塘、运河和天然河流对降低大火带来的高热并没有什么帮助，反倒是火焰从空气中吸走了氧气，在高热和低压共同的作用下让这些水域开始沸腾。浅草的凌云阁已彻底损毁，没有修复的可能。那些路过的人们可以看到一只关在笼子里的猴子。仅仅在几天之前，笼子所在的位置上一个马戏团还在演出。猴子脸上表情愕然而空虚，许多幸存者也是如此。

除却逝去的生命之外，不可计数的建筑成了断壁残垣，火车和电车的轨道弯曲变形或化为铁水，桥梁只剩下废墟，电报线被烧断，下水道和供排水管道裂开了口子。只有弗兰克·劳埃德·赖特设计的刚竣工不久的帝国酒店在地震中幸存了下来，并因此出了名。尽管电灯、电话、炉灶和供水系统都已经无法使用，这座略带玛法风格的建筑仍然被用作了当时无家可归者的临时救济中心。酒店餐饮工作人员在一只还能用的消防栓附近升起营火烹煮食物，然后向灾民们分发爱尔兰炖肉、饺子、鱼汤和饭团。夹层阳台、台球室、吸烟室和舞厅成了失去馆舍的使馆工作人员的办公室。酒店的幸存在很大程度上归功于建筑师所采用的短地桩设计。据他测算，这些短桩能帮助建筑在地震中自由摇摆。的确，这种设计在地震中发挥了作用；然而，酒店地下的土壤变成了液态泥浆，导致建筑的沉降超过 60 厘米。在之后的 40 年里，酒店持续下沉，直到 1968 年彻底倒塌。

市长后藤新平早先的“东京重建计划”因为一些挑刺和唱反调的人泡了汤。现在，这位极有远见的市长被任命为帝都复兴局的局长。后藤召见了美国政治学家、都市学家、城镇规划专家查尔斯·比尔德，请他提供专业建议。在亲眼见到了这场灾难现场之后，这个美国人记录道：“一座伟大的城市竟被抹去了如此大的一部分，这大概是继 1666 年烧毁四分之三个伦敦的大火之后，就再未有过的灾难了。”

之后，一个城市“重建委员会”的特别小组以后藤的计划为基础展开工作。他们开始拓宽街道并对交通系统进行现代化改造。这项工作在中心城区获得了些许成功。同时，他们在计划中设想建造防火性建筑和设置安全建筑限高，并使用更严格的分区制度来划分居住、工业和商业区域。

后藤曾经还想出一个买下整个地震灾区的计划。整个计划将耗资 40.8 亿日元，是当时国家预算的 3 倍。这是唯一一个真正的城市重建总体规划，但是就像前前后后那么多总体规划一样，它由于党派利益和土地所有者的反对而没能发挥作用。日本高度官僚化、半寡头制的国家结构使它的权力精英不可能为共同目标而携手合作，地震恰好暴露了这种缺陷。大约有 9000 家工厂毁于地震，10 万人失去工作。许多家庭和个人失去了他们全部的财产。成千上万的工薪阶层被告知离开城市去别处谋生。大地震的一个后果是由于重建工程将许多东京居民搬离市中心，城市开始具有了多个分中心。随着人口进一步向西迁移，涩谷、池袋和新宿进入高速发展期，逐渐成为西式大都市的副中心区。

1925 年，东京中心城区的一次调研显示，有 67% 的男士至少在工作日穿着西式服装，女士中则有 99% 的人更偏爱穿传统和服。也许“モ・ガ”（摩登女孩）是个例外。这种现象预示着一种新的时髦与俗艳即将成为东京社会生活的标志。年轻的女人们挑战传统，打扮得利落整洁的“モ・ボ”（摩登男孩）们也一样背弃旧习。他们与她们一道热情地接受了西洋的服饰、音乐、舞蹈和电影。和西方的时髦女郎一样，摩登女孩们卖弄着紧身的新款衣物，剪短头发，戴着钟形女帽；摩登男孩们装出几分离经叛道的样子，留着平直的长发，戴着哈罗德・劳埃德那样的眼镜，套着牛津裤在街上晃悠。

在现代女性追求时尚、展露风情、性观念开放的背后有物质的支撑。她们加入了中产阶级消费大军的行列，因为她们开始有能力为自己赚取收入，并凭此从家庭中获得了一点点独立性。热衷于思考的年轻人在文雅的酒吧、饭馆和银座的德式啤酒馆里聚会，认真地讨论俄国小说、卡尔·马克思的理论以及叔本华和康德作品的最新译本。以不同的视角看，摩登女孩既可能是新自由思想家的缩影，也可能是道德和社会衰朽的先兆。

银座浪漫的背街小巷和闪闪发光的中央步行区是这些风华正茂的少年人的主要集中地。女孩子们与她们的男伴手挽着手，在饭馆、茶室和酒吧中抽烟、喝酒；她们也常常去浅草这样的地方，在低俗的酒吧中享受夜生活。尽管这种现象足够真实，但有人怀疑这在一定程度上是媒体的造物。她们所谓的滥交行为很可能被夸大了，而她们与格洛丽亚·斯旺森、波拉·尼格里和玛丽·璧克馥之类的荧屏偶像的共鸣，也只不过是一时痴迷，徒具形式罢了。20世纪二三十年代异常之高的殉情数字表明，尽管她们想模仿荧屏上的一幕幕浪漫爱情，但严苛的明治时代的父母常常令她们求而不得。

许多年轻女人在银座做起了餐馆女招待，为客人们送上咖啡、葡萄酒、威士忌和热气腾腾的三明治。有些人向顾客提供性服务以增加收入，这并不是什么秘密。纽约和巴黎爵士时代的审美已经传到了东京，那些名字是“Mon Ami”（亲爱的朋友）、“L’Automne”（秋天）之类的餐馆纷纷冒了出来。法式糕点店科隆班拥有8米高的埃菲尔铁塔模型和青年艺术家藤田嗣治绘制的天花板。银座区三层楼高的欧洲三明治、奶油泡芙和年轮蛋糕很受欢迎。

1907 年，咖喱餐厅中村屋从神田搬到了新宿。这个古老的邮镇作为红灯区的名望依然不减。艺人、四海为家的和尚与尼姑、乞丐和妓女在这里聚集。尽管内藤新宿站于 1885 年春天启用，这片人流汇集之地仍然充斥着色情行当。粪车也集中停靠在此，空气中则总是弥漫着它们发出的味道。那里的女人们被形容为“散发着粪肥的臭味”。然而到了 20 世纪 20 年代，火车站地区发生了很大变化：你可以在咖啡馆中品尝咖啡和俄国巧克力，在烘焙店买一些欧洲面包，或者顺便来到具有装饰艺术风格的武藏野电影院看一场午后电影。这是一个“デパート”（百货商店）的时代。1923 年，曾经仅是服装店的三越百货在新宿开业，它开启了在同一家商店售卖品种繁多的亲民商品的潮流。

在浅草，人们沉浸于自我满足中，暂时忘却忧愁烦扰。存在主义的氛围无疑使得浅草地区比城市其余部分显得更为懒散而漫无目的。在任何一天来到那里，你都能看到街头艺人、算命者、跳火圈的老虎，或者一只礼貌鞠躬的猴子。你可以偷偷地看一场畸物秀，欣赏一部电影，静听《妙法莲华经》的吟诵，享受一次旋转木马，品尝奇异的外国佳肴，观看狗熊和大象表演的杂技，参与脱衣秀表演的互动环节；你也可以参观全景馆，那是一幢木质建筑，真人大小的士兵和壁画重现了各种历史场景，比如美国内战。过了浅草池之后有一片光线昏暗的场地，被称为暗区。那里有一排排打着新闻阅览所、饮茶店和居酒屋幌子的小房子，用以掩盖见不得人的皮肉生意。

在大地震之前，12 层楼的六边形砖石建筑凌云阁能够倒映在浅草池中。就在凌云阁塔身之下，一家在夜深时分营业的酒屋为劳工们提供服务。他们从摆在桌上的冒着蒸汽的锅具中夹起便宜牛肉、猪肉和马肉片，美美享受一番。在劣酒的刺鼻气味、厚重的烟草雾和炖煮肉片的味道中，扒手和赌棍伺机而动。看过一场演出后，你还可以到东本愿寺后面的餐馆“やっ古”（古旧）里吃上一份烤鳗鱼，在山谷的餐馆“重箱”品尝鳄龟，在八丁堀的餐馆“冈田”试试马肉，在品川妓馆楼下的小饭店里涮蛤蚌。

1903 年，当地第一家电影院——电力馆——在名为六甲的休闲娱乐街区开业。歌舞伎和“チャンバラ”（日本武打剧）中的场景仍然受到极大的欢迎，但是人们也可以观看罗伯特・维内 1919 年拍摄的电影《卡里加利博士的小屋》以及日本导演的实验作品，比如托马斯・栗原（栗原喜三郎）的《蛇性之淫》，以及衣笠贞之助所拍摄、能够引发焦虑情绪的表现主义电影《疯狂的一页》。画在广告看板上的除了当红日本演员之外，还有莱昂内尔・巴里摩尔、格洛丽亚・斯旺森和道格拉斯・费尔班克斯的形象。“马克思兄弟”的《鸭汤》在日本获得了极高的票房，尽管它的日语片名仿照夏目漱石的著名小说《我是猫》改成了《我是鸭》。浅草榎健（榎本健一，日本人称其“エノケン”，即榎健）的轻怪剧剧团“赌场游乐厅”在 1929 年首演。在这场讽刺歌舞剧演出中，穿着暴露的女演员在所谓的“歌剧”表演中把腿踢得相当高。

追求沉湎于欢乐或遗忘现实与自我的享乐主义掩盖了浅草真

实的贫穷。平日里白天或晚上的任何时候，如果你朝浅草寺大游廊的地板下面仔细看，差不多都能发现衣着褴褛的男人、女人和小孩在熟睡。他们或是依偎在一起取暖，或是平躺在破烂的芦苇垫子上。他们中较为年轻的和在街头混得开的也许会被扒手们收作学徒。

社会不平等到了这种程度，必然会兴起更为坚定的无产阶级运动。“二战”后的日本历史学家创造了“大正民主”一词，来描述这一时期的社会动荡以及教育、文化和媒体方面的变化。这个时期第一次出现了保护工人权利的工会组织；女性传统地位受到质疑；审查制度与政府监管变得宽松；议会议事程序的引入进程也稍稍向前推进了几小步。

然而，这种大正民主与西方民主有很大的不同：它更多的是一种民粹主义，即政府的职责是促进财富的增长，并且在帝制的大背景下，国家意志是政策制定的基础。第一次世界大战后的经济低迷导致了更多的劳资纠纷和社会动乱。1918 年，抗议粮价上涨的暴动席卷全国。对暴乱的暴力镇压使各种社会力量之间越发剑拔弩张。日本社会主义者和共产主义者心中的希望也同样助长了这种社会张力。他们相信与布尔什维克革命类似的巨大变化或许就在眼前了。1919 年，刚被唤醒政治意识的“沉默的大多数”在日比谷公园组织了大规模的群众集会。这次集会的目的是迫使政府同意给予每个人不带任何歧视的普选权。

明治时代所谓的“新女性”现在所要求的远远不止贴补家用的国家福利。然而，对于女性选举权，受教育的自由、经济机会与经济平等独立，以及拥有个性等权利的讨论几乎完全被限制在像东京这样的城市地区。20 世纪 20 年代，城市中越来越多的中产阶层女性进入职场，从事书店店员、公务员、护士、话务员、美容师、打字员、餐厅服务员、教师、店主、私人司机、公交售票员、加油站员工和作家等工作。但当时社会观念依旧认为“职业女性彻底背离了她们被赋予的妻子与母亲角色”，根据这种逻辑推理下去，职业女性一定是放荡、不检点的女人，因此对职业女性的侵害（比如乘坐东京电车时骚扰女性）被认为是正当的。

1926 年 1 月，共同印刷公司的印刷工人因强制性的工作时间而持续罢工。在公司解雇罢工工人之后，工人之间在小石川爆发了激烈冲突。1925—1940 年之间，随着经济的萎缩，女性公交和火车售票员的罢工数量呈现增长趋势。由于工资的削减和每个月的假期从 5 日减至 3 日，500 多名愤怒的东京城市巴士公司女售票员在 1928 年 7 月发动了一场大罢工。

政府用相当残酷的手段处理了这些异见。在需要制止罢工或者让抗议者屈膝的时候，政府征募的黑社会成员将会与警察一起完成任务。位于龟户东部街区的大型纺织企业东洋棉布厂的女员工在反对糟糕的工作条件之后立刻遭到了解雇，于是她们开始示威抗议，不少同情她们的当地居民也加入了进去。但这场示威活动迅速被警察镇压——在他们雇用的打手的协助下。政府一边逮捕女性活动家，一边赞颂他们认为的勤俭持家、克己守节的模范母亲。显然，女性在 10 年前争取到的权利又渐渐受到了侵蚀。

这种寿命不长的自由成为大正时代的特征，并且经常被拿来与魏玛时代柏林的过度自由作比较。对20世纪20年代的东京来说，轻浮是一回事，异议又是另一回事了。日本国在新领袖和一支顺从军队的指挥下，将目标修改为“没有民主的现代化”，意在毁掉大正时代的自由化成果。很快，即使在浅草这样的休闲娱乐地区也明显可以感觉到氛围发生了变化。跳吉鲁巴、西迷和比根舞的人不见了，取而代之的是密集的军靴声。与此同时，人们开始哼唱新的歌曲，比如《皇军出发了》和《特务之歌》。轻怪剧（讽刺歌舞剧）现在必须演出一些教化民心的作品，比如《决胜空战组曲》。现在想来，政府当局对之前那个时代的容忍似乎更像是一时疏忽，并且这种暂时性的“不察”恰好隐藏起了它的诸多阴暗意图。

1926 年，大正天皇驾崩，其子裕仁的继位仪式成了全国性的重大新闻事件。1928 年 11 月 15 日清晨，臣民与君主、先人与生者、礼制与统治成了统一的整体，一切正式尘埃落定。那一刻，在伊势神宫与天照大神共度一夜的新天皇正式地转化成了活着的神明。回到东京之后，他在公众面前穿着全套的军服，检阅了规模大约为 3.5 万名士兵的分列式。他接着前往了军用码头，在那里，天皇赞许的目光缓缓扫过了 208 艘军舰、2 艘航母和 29 艘新近服役的潜艇。裕仁的统治时期后来被称为昭和，一个“辉煌的和平年代”。

日本文学领袖人物、作家芥川龙之介在新天皇统治的第一年服毒自尽。他的绝命书道出了“对未来隐隐约约的忧虑”，而那个时代许多的知识分子亦感同身受。日本已经准备好进入“暗谷”。人们会渐渐明白，芥川隐约感到的不安是一种即将变为现实的预感，它的真实程度令人深感不祥。

遗世独立的东京皇居实际上离日常生活的汲汲营营也不过一步之遥。它竣工于1889 年，最初建造在江户城堡的旧址上。皇居的许多核心建筑在 1945 年的空袭中毁于一旦，之后得以重建。

（图片来源：Dreamstime © Haveseen）

第五章 战争之神八幡

刺杀——审查——失败的政变——战争动员——空袭

1936年秋季，新国会议事堂日本上下议院的工作场所竣工，恰好赶上了那年冬天召开的第七次议会会期。议事堂的耗资达到了惊人的2600万日元。在民族主义的刺激下，人们认真地尝试完全依靠日本建筑师和日本的材料与劳力来建造建筑。国会议事堂就是一例。

除了美国进口的气力运输管、气动锁、恒温加热器和滑槽邮筒以及英国进口的彩色玻璃窗和镜子之外，议事堂建设工程完全靠日本的人力与原料完成。这座钢筋混凝土建筑还使用了大量的石料，室内为大理石，室外为花岗岩。它的设计者和建设承包商声称它是坚不可摧的，就连大地震也不会使其受损。国会议事堂今天仍然“健在”，证明了他们的判断是正确的。议事堂的塔楼高 65.8 米，是当时城市最高的建筑。然而因为它俯瞰着皇宫，观赏它就变得太过无礼，政府也因此不允许公众们欣赏这美景。

这十年间，东京成了国家最重要的重工业聚集地的中心。而就在同一时期，人们也见证了它在另一些方面的转变。几乎所有在日的知名民营金融企业都将在东京设立总部，从而使东京成了亚洲迄今为止最先进的工业化都城。

这个城市的边界曾在 20 世纪 20 年代被重新划定。到了 1932 年，它的边界又再一次发生了变化。在这两次变更中，东京根据实际情况吸收了一些城镇和村庄，并将之合并成 20 个新行政区，使得市内行政区的总数达到了 35 个。现在，大东京地区可以自豪地坐拥 497 万人口，成为仅次于纽约之后的世界第二大城市。

然而 1943 年，现存的城市东京都，也就是东京大都市，将与东京府合二为一，使东京无法再被技术性地归类为城市。这个新实体的行政管辖范围包含了城市南面遥远的大片土地，比如伊豆群岛和小笠原群岛，后者距离东京湾有 26 小时的航程。随着 1931 年羽田机场的竣工，城市的空域也同样扩展了。新的筑地市场在 1935 年 2 月开业并注定将成为世界最大的批发市场之一。市场中首批交易的货品是新捕获的鱼类、农产品以及家禽，鱼干和咸鱼制品的交易则从 6 月份开始。

剧作家小山内薰在结束对俄罗斯和德国的访学之后回到东京，创立了 1924 筑地小剧场。剧场建在筑地市场附近，与歌舞伎座只相隔了几个街区。在这里他指导公演了由契科夫、萧伯纳、易卜生等重磅西方剧作家创作的戏剧，但吸引的观众数量不多。

这些观众由学生和高级知识分子组成，大部分年龄都不大。

在筑地，一座新的寺院拔地而起，仿佛是当时帝国日渐抬头的泛亚洲主义野心所化作的实体。1934 年，由钢筋混凝土建成的筑地本愿寺向公众开放。后地震时期的现代化建设迹象并非对所有人都是显而易见的。英国作家彼得·昆内尔向来更喜欢中国首都那些安心可靠的风水布置。他在 1932 年的著作《浮光掠影的东京与北京之旅》中这样形容东京：

> “一切都是那么模糊而邋遢。一排排电线杆无穷无尽。松松垮垮的电线好似一条条耷拉着的曲线，将它们彼此相连，一同俯瞰着那由一幢幢木屋筑成的芜杂蜿蜒的天际线……这些电线杆以不自然的角度倚靠在牢固的支撑物上，一个个如同酩酊大醉一般，只差一个趔趄便要向那些蜷缩破旧的屋顶倾倒下去。”

在这些电线杆的阴影中，旧日本正在改变，未来属于它们以及它们象征的一切。即使在 1935 年，银座的“扎博东京”餐厅仍然像往常一样开放它的夏季啤酒沙龙。

然而到了 1940 年，一种由民众自愿执行的非官方娱乐禁令让咖啡馆和酒吧变得门可罗雀。此时，娱乐的意思便等同于没有爱国之心。对于银座咖啡馆的常客、浅草轻怪剧的入幕之宾、作家永井荷风来说，这是一个最令他不喜的变化。他多愁善感，从不悔改，永远跟不上时代的步伐。可以想见，昭和时代一定激起了他对大正时代的渴望。他在 1937 年首次出版的著作《濹东绮谭》将背景设定在工薪阶层时常光顾的红灯区玉井（今天的东向岛）。与明治时代的青年作家樋口一叶的作品不同，永井荷风的字里行间浸满了乡愁，他笔下的妓女不是失败与贫穷的象征，而是对失落时代的追忆。玉井因周边大烟囱里排出的工业污染物而变得污秽，黑臭的河道散播着疫病，但即使是这样的遗弃之地，也能激起永井诗意的渴望来。他这样描写主人公阿雪："她永远梳着老式的发型，运河又脏又臭，蚊子嗡嗡作响——这些深深地将我触动，已然逝去三四十载的过往朝夕忽然涌上我的心尖。"这本书没有被禁，但是当局也并不乐见它的发行传阅。在他们看来，这样的书是无法用来支撑战争的。

广播节目中曾经全是流行歌曲，然而现在它们招待听众的不是用雄壮的铜管乐器和悲伤的中提琴演奏的军乐，就是声嘶力竭的宣传演说。电影制作在审美与内容上经历了类似的改变。电影制作人小津安二郎通过 1935 年的电影《东京之宿》展现出经济萧条中的日本并深刻探究了当时的社会经济状况。这部电影中有几个最为感人的镜头：一位父亲和他年幼的孩子步履艰难地行走在东京的背街小巷中，徒劳地寻找着工作；他们的财产少得可怜，在换取了食物之后，只能露宿街头。在那个审查日趋严格的时代，即使是看上去无伤大雅的进口电影，要找到资助也是不可能的。类似拉乌尔·沃尔什的《巴格达窃贼》这样的电影很快被鼓舞人心的日本电影替代，比如《祖国》《土地与士兵》《进军之歌》和《坦克队长西住传》。

政府对歌舞伎的态度很明显地体现出它将娱乐征用成为战争的工具。政府渴望推出能够服务于战备的爱国、忠诚的模范人物。他们试图将歌舞伎政治化，对经过严格审查的新剧寄予厚望，比如 1932 年的《人体炸弹三英雄》和 1940 年的《古事记》。后者的主角是日本神话中的太阳女神天照，她在新角色中被赋予的任务是用慈爱的文明之光普照亚洲大地，或者至少说是照耀那些匍匐在日本统治之下的亚洲国家。

1921 年 11 月 4 日，自由党的领袖、首相原敬在东京火车站的站台上被人用刀刺死，以政治人物为刺杀对象的狩猎季节就此拉开了序幕。当时出现了三个右翼激进团体，它们将“一战”后长期困扰日本的经济不振归咎于政治党派和富有的精英。其中，“血誓联盟”由佛教日莲宗的狂热信徒领导，它的成员每人发誓将刺杀一个政坛或资本界的显要。1932 年 2 月，联盟的一个成员射杀了财政部部长井上准之助；同年 3 月，三井财团的领导人团琢磨遭受了相同的命运。

一个极右翼团体还策划了刺杀查理·卓别林的计划。这在当时也算不得什么大事，可见在那段时期刺杀行为已经严重到了什么地步。卓别林导演在日本极受欢迎，当时电影《城市之光》刚刚上映。1932 年他来到日本，迎接他的是人们的盲目崇拜与追捧。明治糖果公司甚至投产了一条卓别林奶糖的生产线，赚得盆满钵满。但是卓别林注意到招待他的主人们行为举止有些古怪。比如，他乘坐的轿车驶入宫城时突然停止，要求他出来向天皇的居所鞠躬，即使没有任何官员在场。当晚卓别林的派对也受到了威胁。

第二天，卓别林应邀与首相犬养毅之子观看一场相扑比赛。这个年轻人是一个直率的自由派人士，积极参与议会民主制的推进运动。他被侍从唤出并被告知，他的父亲已被刺杀；据悉卓别林也是这一系列谋杀的目标之一。这些谋杀本来的目的是制造混乱，以掩护另一场同步进行的政变，整个事件的策划者是一个自称为“血盟团”的组织。

1936 年 2 月 26 日黎明之时，发生了这个国家有史以来最严重的武装暴乱。那时东京城被深深的积雪所覆盖，一支超过 2000 人的驻城部队与皇道派联合发动了一场政变，史称“二·二六事件”。这次政变宣称的目的是推行“昭和维新”。受征募的士兵对政治腐败和军费的削减非常不满，他们中的许多人来自国家北部生活相当艰苦的农村地区。

身处关键位置的政治人物，包括军民两界的高官都是刺杀的目标。城市中心的重要建筑成了占领对象。收音机里不断传来坏消息：军事教育总监察长因为保管天皇的御玺而遭到暗杀；温和派人士、财务大臣高桥是清被人足足射了七枪，而后又被额外补了一刀，刀锋倾斜入体，正是武士手法。他曾经是削减军费支出的相关财政项目的发起者。首相冈田启介勉强逃过一劫。天皇对政变的迅速反应值得一提，他命令陆军大臣“在一个小时之内镇压叛乱”。到了 2 月 29 日，随着军队与叛党的交火以及海军舰船在东京湾聚集，政变已经失去了大部分的力量；军队回到营房，谋逆者背上了叛乱分子之名。明治天皇曾经抱怨“军队似乎总会变得难以驾驭”，这次事件正好是军队之不驯的又一个例证。

1929 年，诗人与哲学家拉宾德拉纳特·泰戈尔第 4 次来到东京。当他明确表达出对日本军国主义和侵略中国行径的厌恶时，政府官员和崇拜者对他的热情欢迎很快消失了。在 1938 年一封写给野口米次郎的信件中，泰戈尔对这个日本亚洲野心的辩护者表达了他对大陆变故的“深切哀恸”。他以惊人的先见之明写道：

“我知道有一天你的同胞会幡然醒悟。那些战争狂人的胡作非为将亲手毁去自己的文明，而他们亦将会花上数个世纪孜孜不倦地清理他们文明的废墟。他们会意识到，日本内在的骑士精神的毁灭正在发生并带来了极端严重的后果。”

那时，宪兵队会迅速而毫不留情地当场处理掉他们发现的任何现存或潜在异议者。1937 年，杰出的殖民政治学学者与和平主义者矢内原忠雄因为他的反军国主义立场而被东京帝国大学开除教职。不少教育家、知识分子和自由思想家被扫地出门，由新的爱国主义者取而代之。在经历了两次失败的政变、零星的刺杀、对华战争的升级、劳动力短缺以及很难获得军需用品之后，东京的氛围越发凝重。借由政府主导的运动和标语（比如“全面精神动员”）、日用品的定量配给，以及设立监视当地居民的社区组织，军队向极权主义国家的建立又迈进了一步。

参拜供奉“战争之神”八幡的神社尤其受到青睐。在未来不甚明朗之时，宗教通常会兴旺昌盛。这个时期也是如此，人们坚信正在发生的战争是一场圣战。神道教仪式被用来为军国主义提供精神上的背书，而基督教和伊斯兰教也曾以相同的方式征得更高的权威来授权十字军行动等神圣使命。但虔诚的佛教徒们将佛陀慈悲的教诲铭记于心，他们不愿成为日本军国主义肆虐亚太的支持者，退守宗教事务本身，对时事保持沉默。但是某些特定的佛教团体，比如国柱会，却积极投身于军务，宣扬一种好战的武装爱国主义。明治天皇对军队的偏爱让他纵容着军队指挥官们，对他们在战场上的行为几乎不加控制——这一态度无意中被昭和时代好斗且虎狼之心远甚的将军们利用。

一旦天皇认定战争已不可避免，他只能顺势而为。尽管天皇个人厌恶武装冲突，但他在身为和平主义者之前首先是一个民族主义者。他一点也不想看到他的帝国因为美国对日本的石油禁运而瘫痪。虽然直到 1941 年 11 月他依然反对战争，虽然他与军事领袖们争辩，认为 6 个月拿下太平洋地区的保证是不可能实现的，但是战争决定一经作出，就是覆水难收。他听取过关于袭击珍珠港计划的完整报告，也完全知悉日本全面入侵东南亚的军事战略以及后续蔓延至南太平洋和冲绳岛的一系列战役。

不是所有人都甘于牺牲，渴望奔赴前线。战争期间，越来越多的年轻人开始逃避征兵，政府对此的反制措施是实施文身禁令。人们认为身上有文身的人不会守规矩，会在不同级别的军人中散播异见。公开反对战争的人将被立刻逮捕，或者受到更严重的惩罚。然而，有一些知名人物显然在以无声的方式反对战争。永井荷风在战争期间拒绝写任何东西，以此来表现他的反战态度。在战争最终结束、国家迎来战后和平主义的时候，他的行为受到了赞扬。不过，他在战争年代依然保留了写日记的习惯，“让他们的罪孽被永远记录下来。”他在1944年写下了对军国主义的看法，接着又以饱含希冀的语气写道，“无论政府的手段是多么残酷和专制，他们也无法约束人们的想象力。哪里有生活，哪里就有自由。”喜欢阴影与氛围的永井唯一表现出认同的官方行为是霓虹灯禁令。一天夜里，他信步走向浅草的剧院时，拾笔记下了自己的思绪。他这样写道：“没有霓虹灯的时候，月光照亮了高楼……霓虹灯禁令定然可以说是我们不怎么开明的军政府的一次开明的行为。”冲突升级，余地不再，常规战争变成了总体歼灭战。陷入狂热之中的日本对战争注定的结果一无所知，渐渐不可挽回地落入贫困和物资短缺等种种困境之中。

1941年是蛇年；12月7日，身穿海军军服的天皇被告知日本的俯冲轰炸机和鱼雷摧毁了驻泊在珍珠港的大部分美军舰船。听说行动成功之后，皇宫官员在官方记录和他们的日记中写道：“陛下的心情是极好的。”著名文学评论家奥野健男记下了举国的欢欣鼓舞。他写道：“我们日本人在历史上从未像现在这样为我们自己的民族感到骄傲。”

日本在亚洲的扩张没有遇到什么有效的军事抵抗，战争进行得相当顺利。法国记者罗伯特·吉兰1938年来到日本，战争爆发之后，他认为自己有必要留在日本。他后来是这样回溯1942年城市居民间洋溢的喜庆氛围的：

“东京的每个夜晚都是一场东方嘉年华……狭窄的街道因为灯火管制而昏暗得恰到好处。从饭店里进进出出的人基本上不是微醺就是酩酊大醉。他们摇摇晃晃、断断续续地放声高唱爱国歌曲，使劲拖动着他们的木屐或磨破的鞋子一扭一拐地从一个酒吧挪到另一个酒吧。”

1942 年 4 月 18 日，一个中队的 16 架 B–25 轰炸机从“大黄蜂号”航母上起飞，对东京进行第一波实验性的空袭。空袭破坏了一座炼钢厂、一个储油罐、一座农场、几座小型发电站以及一些民用设施，比如学校和军队医院。尽管损失不大且记录在案的伤亡人数只有 39 人，但这次被称为“杜立德空袭”的突然袭击证明了东京的防空体系不再是无懈可击的。被世界顶尖的军事技术武装到牙齿的美国现在将目标对准了东京城。

食品短缺越来越严重，太平洋战败的流言始终无人为之辟谣。葬礼现场亲人们手捧着白色的骨灰瓮，里面盛放着他们在战场上陨落的骨肉的遗骸，面对这样的场景，人们却从未像此刻这般习以为常。然而，这一切都无法浇熄高涨的士气。日本人坚忍地接受了个人损失，认为这是为更重要的国家利益所作出的牺牲。一首日本小学生必须背诵的诗歌描述了这种日本不可战胜的信仰：“雄伟哉大和，圣皇神之裔。百战不曾殆，日益耀荣光。”在明治时代，政府敦促佛寺、政府办公室、学校等公共建筑将木门换成当代加工铸造的铁门，后来这些铁门中许多都被当作废金属收集起来用于战争。然而，在这座苦痛不堪的城市中，仍然可以找到几分柔情。虽然日比谷公园中的丹顶鹤喷泉因为它的铜制部件而被拆除，却还是免于熔铸的命运，最终被重新组装复原。

东京空袭给人们的狂热浇上了一盆冷水。1944 年的夏季漫长而干燥。东京城气氛凝重，人们隐隐有种不祥的预感。灼热的风扫过城市，屋顶上积起了堆堆尘土。市民们的无精打采部分是因为营养不良。许多商店闭门歇业，食品商店前排起了长长的队伍。志愿者们在路边挖着躲避空袭的壕沟，尽管这一举动唯一的作用是给空气中添加了更多扬尘。

空袭不曾断绝，黑色幽默填满了城市，居民们把美国飞机叫作“お客様”（贵客）和“平信”。亲身体验了空袭的俳句大师加藤楸邨在一首诗中写道：

“熊熊烈火中，
唯见牡丹谢。”

加藤亲历了房屋被毁，妻离子散，而这首俳句就来源于此。一种对诗句的解释认为，它所描述的场景正是木结构的房屋在火中弯曲解体，就如同牡丹枯萎，花瓣零落。历史学家约翰·道尔曾言：“暴行紧跟着战争，就如同豺狼尾随受伤的野兽。”日本这只受伤的野兽已经被逼到了墙角，现在它的生杀予夺完全取决于可怕且怀恨的仇敌。1944 年 11 月，B-29“超级空中堡垒”编队掠过东京上空，真正的空袭开始了。

1945 年 1 月 27 日，空袭在银座地区造成了约 1000 名平民死亡。日比谷公园附近遍地尸骸，人们不得不杀死野狗防止它们吞食遗骨。1945 年 3 月 9 日，当无差别地毯式轰炸与夜间空袭开始后，空袭的强度发生了质的变化。美国人决意在平民中制造大量伤亡，就像他们之后在广岛和长崎做的那样。为了点燃城市，让战争加快结束，用来破坏独栋建筑的高爆炸弹被填充了 6 吨凝固汽油（一种新型可燃物）的 B-29 超级空中堡垒炸弹所取代。这种新型胶状汽油 – 镁混合物的主要目标是人口高度集中的浅草区，那里狭窄的街巷和大量可以燃烧的屋顶足以实现最高的死亡人数。政府指示民众在地上挖洞，再在上面盖上浸湿的榻榻米，用此作为空袭的庇护所之用。然而，这些庇护所最终成为一座座燃烧的坟墓。从午夜到凌晨 3 点，短短 3 小时之内，334 颗炸弹将 1700 吨燃烧物倾倒在城市中。那一夜，10 万左右的平民死去，成就了世界军事史上破坏性最强的一次轰炸任务。这是美国使用高科技武器进行的第一场大屠杀。

当燃烧弹爆炸、火焰四散之时，天空亮如白昼，以至于美国飞行员在 6000 米高空依然能够读取手表刻度盘报告时间。炸弹造成的火焰风暴的速度达到了每小时 112 千米，温度更是高达 1000 摄氏度。这场令人作呕的大屠杀的缔造者——柯蒂斯 · 李梅将军后来坦言，如果美国战败了，为了那些——用他自己的话说——被他“烧焦、煮沸、烘烤致死”的平民，他一定会被作为战犯带上法庭。

女人们用布将头包裹起来以避免在烟雾中窒息，可是到头来很多包布都被火点着了。在恐怖的数个小时之内，剧烈的燃烧耗去了城市中的大量氧气。在东京广播称为“屠杀轰炸”的计划中，空袭的热量使金属熔化，运河沸腾，让人体在火焰中燃烧。尸体不计其数，单单从废墟中清理尸体就足足花了25天。在炽热的战争氛围中，美国没有对东京空袭的受害者表示懊悔，但这或许情有可原。毕竟，日本人自己早在1938年对重庆狂轰滥炸时就对伤害平民毫不在意——他们特地将空袭的目标选定在居民区，导致数以万计的中国平民被烧成灰烬。

鉴于东京弹如雨下，食物、燃料和庇护所极度短缺。就像1941年德国轰炸列宁格勒期间劳工们被迫用皮带煮汤，当时东京许多家庭的食物只剩下红薯，他们不得不砍断木质的电线杆来烧火取暖。在这种情况下，政府越来越难以使人们相信他们仍然在赢得战争，相信最终的胜利只是个时间问题。炸弹甚至触及了神秘爱国主义的心灵圣地——宫城的主要建筑，它们在1945年初被摧毁了。

日本人清楚没有什么是永恒的，城市是可以替换的。比起东京的物理状态，他们更苦恼的是如何找到直接有效的生存方略。日本最富传奇色彩的飞行员坂井三郎有一次在坠机后待在东京医院中接受治疗。出院后，他感受到了对战争形势的幻灭和愤懑，并体会到公众们对没有死在海里和亚洲战场上的士兵的态度。他描述道：

> “街头的广播大声放着战争歌曲，播报着虚假的胜利新闻……在我乘坐的火车上，那些乘客，尤其是小女孩和妇人，只稍稍瞥了我一眼，神情扭曲了一下，然后很快移开了

目光。她们坚决避免看到我染血的绷带，这让我气馁和愤怒。对我的同胞来说，我不再是一个顶尖的飞行员，而只是一幅沾了血腥、肮脏和倒人胃口的画面。”

5 月 25 日，晚春时分，阴云密布的天空被下方赤红的火焰和纵横密布的探照灯光线照得通亮。光柱尽头的敌机仿佛静止了一般，机身的硬铝涂层泛着紫色的光芒。很少有人记得的大山手空袭开始了，中野、麻布、涩谷和赤坂等居住区都受到了攻击。针对东京城区的最后一次空袭带走了 3600 名平民的生命。

整座城市沉浸在极大的痛苦中，但是安全距离之外的观察者偶尔还能为空袭赋予些诗意。小说家和散文家竹山道雄将飞机驶入的一片光线集中区域描述为“夜火红莲”。用如此美丽的文字来描写这样的场景是令人困惑的，但是竹山解释道：“在那些空袭的日子里，每一天我们觉得都是‘世界末日’。我震惊地看到世界的终结竟如此美丽，就像一个疯子看到的幻觉。”

法国《世界报》记者罗伯特 · 吉兰不得不眼睁睁看着城市在焚烧。他写道：

“东京城不曾美丽，而今变得肮脏。这座首都每天清晨醒来都会变得更加污秽，如同被它所沐浴的前一个厄运之夜所玷污。空袭仍然每日降临，然而在夜复一夜因灯火管制而陷入黑暗中之后，城市难以自拔地迷恋起火光。”

吉兰很清楚一座大部分由可燃材料建成的城市是多么脆弱。他又补充道:“东京就是一座用木板搭成的大村庄，而它是知道这一点的。”

另一个认为自己在错误的时间待在了错误地点的外国人是雷蒙德·哈洛伦。他在之前 1945 年 1 月轰炸东京西部中岛飞机制造厂的任务中担任雷达导航员。在被日军的双引擎战斗机击落后，他被迫弃机跳伞，落地后被军警带到了监狱单独监禁了起来。这个倒霉的美国人剩余的大部分日子都在宫城边的监狱中度过。他从饥饿濒死和东京大空袭中幸存了下来，但没能熬过囚禁时遭受的羞辱。在 4 月的一天，监狱的守卫蒙上他的眼睛，用绳子捆住他的双手。他被带到了上野动物园，并被关在一个老虎笼子里，裸身示众。

1945 年 6 月，宫城——明治时代的建筑群被美国人的燃烧弹炸成了废墟；第二天，明治神宫也被烧毁了；芝区的幕府和军墓也在同一时间被抹去。当士气已经跌落至最低点的时候，天皇居所被毁造成的心理影响可想而知。然而，这并不足以阻止天皇批准那些他认为能为日本带来决定性胜利和在进入和平谈判阶段后获得更大优势的行动。在盟友德国投降之后，它在菲律宾与冲绳进行的后续战役均以惨败告终。日本孤立无援。

日本的独裁主义国家意识形态开始受到了质疑。墙上和路灯柱上的涂鸦信息，比如“停止战争”“推翻政府”和“天皇不也是人吗”，传达出了这种疑虑。寄给报刊的匿名信中出现了类似的信息，还有一些信件被寄送到了皇宫和报业公司，所有的信件都未曾公开。天皇曾在废墟中进行短暂视察，数以万计无家可归的东京市民麻木地看着他，没有表现出应有的顺从和崇拜，这让他感到震惊和沮丧。

1945 年夏天留给人们的记忆是滚滚的热浪与原子弹爆炸。在东京，空袭仍在继续，它规律得可怕，造成的死亡人数不断上升，直到 1945 年 8 月 15 日，天皇在广播中宣布投降。他的演说通过无线电波传遍了国家的每一个角落。他所使用的过时的宫廷语言很少有日本人能够理解，其声音形式被称为“鹤音”。这种被称为谕令的声调在天空回荡，响彻不绝，如同鹤鸟飞过天际之后依然不绝于耳的锐鸣声。天皇劝告他的臣民们，要“忍所难忍，耐所难耐，以为万世之太平”。这种精心打造的修辞极富技巧地将日本人置于受害者的位置，而不是战争罪犯。投降诏书也完全没有提及日本正在东京大学中推进自己的原子弹计划。

这天夜里，变节军官团体冲进了帝国卫队总部的司令官办公室，将司令官射杀。他们假借司令官的名义下达命令，说服警卫控制了皇宫，将天皇包围起来对他进行保护。政变在黎明时被镇压了下来，带头者切腹自杀以表忠心。战争夺去了将近 300 万日本人的性命，更不用说亚洲太平洋地区不知高出几倍的伤亡数字。然而，这场噩梦仍未完全结束。日本投降后，为了赎罪，一些军官在宫城的外御苑切腹自杀。

在日本投降后的那几日来到东京的人会发现，他们几乎认不出这座城市了。城中的种种景象与战前生机勃勃的大都市几乎没有任何相似之处。东京不再是一座运转中的城市，而只是大屠杀之后一片焦黑的残迹。

日比谷公园中的丹顶鹤喷泉。（图片来源：Kakidai，CC BY-SA 3.0）

秋叶原曾经是收音机零件黑市的中心，现在成为另一种电子工业中心。成百上千的售卖各种硬件和软件的商店真正让秋叶原获得了“电器城”的称号。秋叶原同时也是“御宅族”文化的中心，那里盛产的动漫产品吸引了大量的粉丝。这些“角色扮演者”们身着各种动漫装束，遁入他们心爱角色的世界中。

（图片来源：Dreamstime © Sean Pavone）

上：古代坟堆（等等力）

下：护国寺入口处

上：江户时代的酱油店及仓库

下：明治时代的警察岗亭

右上：明治时代的传教士住宅（杂司谷）

右下：岩崎家宅（汤岛）

历史展演（浅草）

松尾芭蕉塑像（清澄）

商业街（江户时代）

清澄寺，上野公园

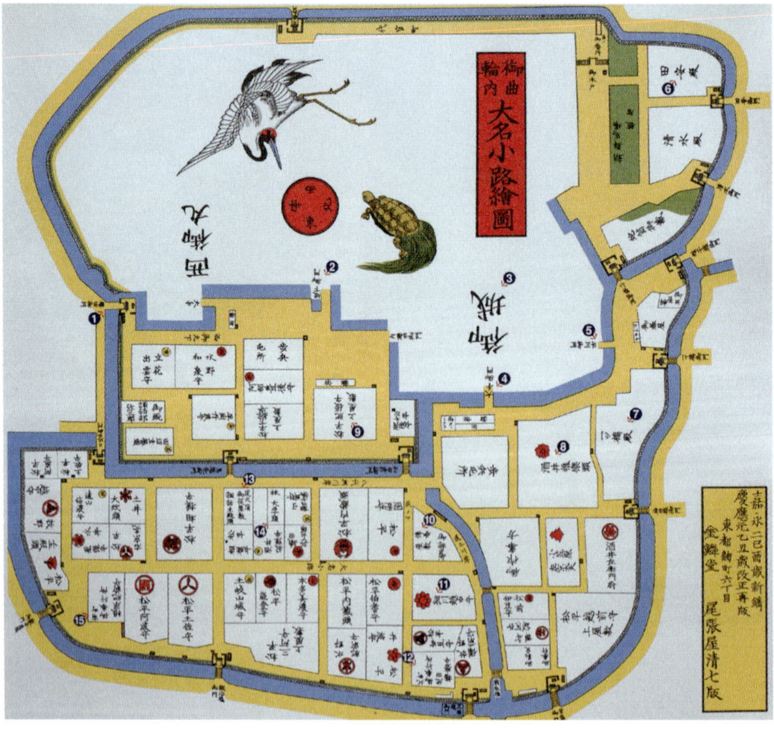

御曲輪内 大名小路絵圖
西御丸
御城
嘉永二己酉歳新鐫
慶應元乙丑歳改正再版
東都麹町六丁目
金鱗堂 尾張屋清七版

上：隅田川花火大会（明治时代）

下：明治时代纪念版画（各种形式的交通工具）

左上：相扑摔跤（江户时代）

左下：江户城堡地图（江户时代）

12 层“摩天大楼”（浅草）

明治天皇

上：哀悼明治天皇（宫城，1912）

下：船上人家（汇入隅田川的运河）

上：向岛（大正时代）
下：帝国旅馆（日比谷）

上：日本桥和三越百货（大正时代）

下：永代桥和工业区（大正时代）

上：上野区（大正时代）

下：1923 年大地震

上：东京站

下：银座（大正时代）

上：浅草池

下：大正博览会园区（1913）

上：白木屋（日本桥）

下：浅草藏前街（大正时代早期）

上：地铁新银座线

下：田园调布之家（20 世纪 20 年代的东京）

上：日比谷的十字路口（1948）
下：黑市（银座，1948）

鹭舞（浅草）

上：江户时代的伝法院庭院（浅草）
下：丹下健三设计的圣玛丽大教堂（目白台）

上：国立新美术馆（乃木坂）
下：青山制图专门学校

山谷的穷困潦倒者

上：节庆（筑地）
下：净水仪式（神田明神）

上：恐龙模型（新宿）

下：新年（神田明神）

上：池袋

下：伊斯兰清真寺（代代木）

等等力峡谷

上：购物中心（表参道）

下：碳纤维庭院（御台场）

嘻哈街壁画（涩谷）

德川家的“三叶葵”家纹

第六章　占领者

美国政府——审查——黑市——东京审判——文化复兴

尽管繁荣的东京城变成了一座满目疮痍的巨大贫民窟，它有时也会充斥着显而易见的乐观主义，毕竟，与死神擦肩而过的人方会更加热爱生活。“我们战败了，但是为什么没有人悲伤？”在京极夏彦的小说中，一位退役军人问道，“所有我们曾经相信的东西，现在证明都是错的。在攻击敌人的时候，他们告诉我们，我们战无不胜，荣光无限；当士兵死去，他们说，死亡就像宝石破碎，珍珠洒落。政府一刻不停地鼓吹民族斗争是正义的，然而当这一切结束的时候，我们的领袖们在一夜之间改变了态度。他们成了民主的热衷者，而穷困潦倒的日本公民们似乎从未像此刻这般充满生气。”

日本人民不想闷闷不乐，他们来了个 180 度大转弯，将极端民族主义弃若敝屣，并把美国占领者推行的改革拥入怀中。他们开始看到“终于从每日的苦难中解放”的好处（引自辰巳嘉裕的漫画小说《剧画交流》中的一格漫画）。据电影制作人黑泽明回忆，当时他被叫到世田谷区的工作室收听天皇的广播演说，“一些店铺主人已经准备好为亿万同胞慷慨赴死。他们取下珍藏的日本刀，拔刀出鞘，端坐着凝视露出的刀刃。在听完天皇的正式投降宣言之后，我沿着平常的路线往家里走去，看到商业街上的人们欢呼雀跃，好像快要过节一样。”

尽管人们勇敢地面对战败，战后的日本国仍然是萎靡不振的：孩童身患皮癣，女人们靠卖身勉强度日，曾经认为自己是在为国争光的男人们现在因为毁灭了国家而遭人鄙视。失去的除了生命之外，还有人的尊严。在上野公园内外，无家可归者搭建的庇护所和防空洞取代了烧焦的墓地和德川将军的陵墓。数以千计失去家园的人们居住在临时庇护所或城市公园中。1946 年和 1947 年的寒冬，严寒如同酸液一般侵蚀着人们破烂的和服和衣裤，很多人都被冻死了。许多疾病缠身的老者套着很像病号服的白色长衣，一个个家庭为了活命卖光了他们拥有的所有东西。

人们常常可以见到缺胳膊少腿的日本老兵站在大街上，伸手递出乞讨用的破碗。占领军控制的媒体传播着自杀式袭击、暴行、食人和军事失败的故事；而这些老兵军服褴褛，他们衣衫上那些血与肉的残影，似乎成了这些故事的现实化身。它们代表着所有日本试图忘记的东西。于是，老兵们大多被人遗忘，发落至了那些弃民所住的边缘地区。同样的，对军事领袖们的中伤所批判的更多的是他们无力获得胜利，而非发动战争的不道德性。

1945 年 9 月 2 日，随着投降文书在美国军舰“密苏里号”上被签署，美军占领时期正式开始了。在这一时期的大部分时间里，主管日本的人物是盟军最高司令（SCAP）道格拉斯·麦克阿瑟将军。在投降仪式的最后，400 架 B–29 轰炸机和 1500 架美国海军战斗机以密集队形飞过仪式现场上空。将军明明白白地宣告了从今往后日本由谁说了算。作为额外的点缀，投降仪式上展示了近 200 年前佩里准将两次访问日本时黑船上所飘扬的旗帜。

将军踏上日本土地的时刻同样具有戏剧性。麦克阿瑟的飞机在横滨附近的厚木海军飞行场着陆。他在舷梯顶部停留了足够长的时间，让摄影记者拍下他精心摆出的姿势。在这张由全球多家媒体刊登的照片里，司令官戴着标志性的帽子，咬着玉米穗轴烟斗，鼻梁上驾着飞行员墨镜。日本人觉得他用黑框遮住眼睛是不可思议的，在日本，只有盲人才会戴遮住眼睛的眼镜。

东京城的许多优秀建筑被占领者征用了。盟军总司令部位于日比谷第一生命大楼的高层，视野开阔，正对着宫城。银座的大型松屋和服部商场被美国陆军第八军占用，作为军中福利商店；汤岛的岩崎大厦被征用为行政办公室；雅致的网町三井俱乐部变成了“总司令部俱乐部”。筑地鱼市的很大一部分被替换为车辆调配场和洗衣店，用来为丸之内和银座附近的占领军办公室和营舍提供服务。交战法令规定占领者和占领对象之间保持“礼貌距离”。这导致了在三松夜总会里，军纪官带着六英寸（15.24 厘米）长的尺子在舞池里四处游走，测量美国人和他们的日本舞伴之间需要保持的距离。不过，按照新来的占领者与好奇的被占领者喜欢社交的天性，这项规定没过多久就失效了。

担心“盎格鲁－撒克逊野兽”会奸污日本女人，日本政府在特殊慰安设施协会的赞助下迅速成立了官营妓馆，又称“特殊慰安所”，大约 7 万日本女性在其中为盟军士兵提供服务。政府的担忧确实是有道理的：在被占领的 10 天之内，仅仅是与东京相邻的金泽县就报告了超过 1300 起强奸案件。在东京地区营业的国营妓馆有 33 家。第一家妓馆位于大森，开业于美国人登陆厚木的同一天。最大的一家妓馆是国际宫，位于东京城靠东一侧的船桥地区。美国客人在国际宫的一侧排队等候入内；消费完之后，他们从另一侧出去，出口有人礼貌地将刚擦亮的皮靴递给他们。立川郊外的天堂、银座的绿洲、银川的百乐门等妓馆更靠近城中心，客流相当稳定。

战时日本政府曾经要求民众为国家牺牲，而战后它又旧调重弹。内务省下令各地成立慰安协会来满足外国人的需求。这项举动被包装成了保护国家纯洁性的自我牺牲式英雄行为。在宫城之外举办了一场“慰安妇”的正式就职典礼，这些女性多是寡妇和孤儿。麦克阿瑟将军在 1946 年 1 月下令关闭了特殊慰安设施，但是风尘行当依然猖獗。许多妓馆很有创造力地把自己改造成了所谓的“茶馆卫生协会”和“咖啡吧协会”。

愿意与美国士兵发展亲密关系的日本女人被暗地里称为“小潘潘”，她们被认为是战败的产物。许多日本人几乎不加掩饰地表示出对她们的鄙视，尤其看不起她们的恶习，比如穿着花哨撩人的衣物、抽烟、吐痰，还有大声地喊“嘿，约翰”。在有乐町铁路桥下寻欢作乐的美国青年们对“小潘潘”更喜爱一些。日本剧场也在这个地区，剧场提供的娱乐项目包括电影、脱衣舞表演以及一排排女孩齐舞合唱的轻怪剧。另一些嗜癖在上野公园中得到了满足，那里是变装男娼的活动范围。营宿城市各处的大量外国同性恋者导致东京城出现了许多同性恋酒吧。这一现象在战前是不存在的。

黑市就像碎石间的野草般冒了出来，在城市各处深深地扎下了根。据保守估计，1946 年初东京城的黑市货摊数量在 6 万左右。不是所有人都喜欢黑市，但它是一种必要之恶。黑市的许多货物都是从战时工厂、日本陆海两军的库存以及美国人的仓库里抢来的；还有些东西是从“小潘潘”处收购来的，是她们从美国士兵那里收来的部分报酬或代表爱慕的礼物。为了制造一种物资充裕的幻象以及激励城市古老的商业精神，黑市售卖所有能收到的东西，从旧袜子、芜菁和陶制餐具到猪内脏和沾了血迹的医用毛毯，一应俱全。

繁荣兴盛的黑市包括筑地外部市场以及留存至今的阿美巷（“アメヤ横丁”或“アメ横”），后者在今天是一条满是百货商店和市场摊位的折扣商业街。但是在过去，它是一个位于监狱、妓馆和酒吧之间生意兴隆的黑市。现在与高端电子商品密不可分的秋叶原也发端于黑市。秋叶原站是山手线和总武线这两条铁路的连接点。这一重要的交通位置以及当时收音机替换零件的稀缺性共同推动了秋叶原的兴起。1951 年林林总总的货摊在总武线的铁轨下设立，之后逐渐演变出了今天的商业巨镇。在空袭中被烧焦夷平的火车站广场以及附近的涩谷区街道为黑市提供了足够的场地。1946 年 7 月，由于害怕这个区域会成为犯罪分子的庇护所，警察前来关闭黑市，却引起了暴力冲突，导致了不少死伤。最大的黑市位于伊势丹百货到新宿站沿线。这条在夜里被光秃秃的电灯泡照亮的小商品街被命名为“光は新宿”（新宿之光），不过它常被人称为龙宫。

经营黑市的人可以获得很高的利润。这些获利支撑了许多右翼政客和背景深厚的黑帮的活动。然而，食物短缺依然十分严重。日本投降一年之后，城市中出现了以“给我们大米”为口号的游行示威。规模更大的“食物求救”抗议发生在不久之后，约 20 万东京居民参与其中。在当时的东京，孩子们会在大街上捡拾别人丢弃的烟嘴抽，而美军士兵则随手把口香糖扔给他们。在这样一座城市里，营养不良问题是普遍存在的。这些受苦的孩子们脸盘稚嫩，血小板缺乏，指甲完全是白色的，可以很明显地看出营养摄入不足。

摄影师林忠彦在这座被摧毁的城市间漫步，从中发掘出了一些创作灵感。摇摇欲坠的木屋、复员的士兵、在垃圾坑上搭建的小酒馆和酒吧、三轮车以及廉价脱衣舞俱乐部，这些内涵深刻的模糊照片描摹出了这座匆忙建立的临时东京城。在他 1946 年的摄影作品《抽烟的流浪儿》中，两个肮脏但是挺直了脊背的半裸孩童在上野公园内分享一支烟，背景是西乡隆盛的雕像。

东京正在学习和适应它的占领者。电影演员、歌手山口淑子（她另一个更常用的名字是李香兰）在日比谷剧场为美军奉上了一台音乐会。她身着印着粉色樱花的紧身和服，为台下兴奋不已的美国大兵们演唱了《东京布基伍基》和《我为你痴狂》。新宿的帝都座剧场在举办了日本第一场（相当无聊的）脱衣舞秀《维纳斯的诞生》之后，迎来了当地人和美国士兵的热情光顾。

电影院到处都是。除了老宝冢剧场（现在改名为“厄尼·派尔”）这样的传统电影院外，临时的电影场馆被搭建在了百货商店损毁的地下室、焦黑铁轨下的拱洞以及要一路挤进去才能找到目标的狭小巷子里。设立这些临时观影场所是有必要的，因为日本人不被允许进入“厄尼·派尔”这样的地方。然而，其他选择还是存在的，比如新宿的“地球座”这样的场馆，那里上映深奥的俄罗斯和欧洲电影。像浅草这样的地方有一些更本地化的日本电影院，去那些影院的人能够回想起观众的味道，那种从肉体、米饭、汗液和山茶花发油中散发出的混合味道还不至于让人完全不能忍受。

电影已经开始仿拟现实。沉浸在电影《春之声》的观影客们震惊地发现，电影中被摧毁的东京街道竟然刚好同影厅外几步之遥的马路没什么差别。在占领时期，降临城市的毁灭很少以实景的形式出现在银幕上。许多记录了东京城物质形态的电影资料都采用了硝酸盐片基，高度可燃，它们都在火烧东京中被付之一炬；另有不少没有在空袭中焚毁、却被新政府认为不适合公众观看的影片，也最终熔化在了美国审查官的火焰中。盟军最高司令部列出的违禁物品包括涉及以下主题的电影、书籍和戏剧：军国主义、封建忠诚、排外情绪以及复仇。就连富士山也是删除对象，因为它在战时是民族主义的象征并被用作了许多宣传画的背景。当牧野正唯（又名“マキノ雅弘”）解释他希望在电影《时髦浪人》中纳入一些富士山的镜头时，他被告知需要剪去违规的富士山画面，因为那是民族主义的标志（至少在牧野对美国人表示他们应该炸了富士山而不是广岛和长崎时，他没有被拖进监狱关上几天）。

工会活动也受到了限制，哪怕略有涉及限制主题的艺术作品，当局也绝不放过。1948 年，在东宝公司的东京摄影棚中，劳工们进行了示威集会，这违背了麦克阿瑟刚颁布的罢工禁令，最终美国人用坦克和军队结束了工人们的行动。在小津安二郎 1947 年的电影《长屋绅士录》和黑泽明的现实主义黑色电影《流浪狗》这样的作品中，审查机构限制了镜头画面，只允许出现树林外缘、废金属搭建的小屋和焦黑的墙壁等场景，观看者只能用想象力去推断出镜头之外还应该有什么东西。堀田信雄（音译）的纪录电影《黑暗时代》产生了另一种效果。作为一个为信仰付出了高昂代价的著名马克思主义者，堀田制作的一部纪录片中包括了神风任务、上海轰炸和南京大屠杀的镜头，电影中天皇身穿军服的镜头影射了天皇的战争责任。这可能解释了为什么这部影片在被大型电影发行公司拒绝之后，只能在小型艺术剧场上映。为了坚持他的原则，堀田收到好几次匿名的死亡威胁。

直到占领时期结束，政治一直是电影的主要议题。今井正用隐藏的摄像机拍摄了现实主义作品《不，我们要活下去！》（1951年），左翼剧团前进座也参与了该部电影的制作。电影取景于上野火车站周边的街道，内容聚焦于对劳工的剥削。这样的内容被认为可能煽动暴乱，当然，这恰恰是拍摄者的意图。在电影《蜂房的孩子们》的制作过程中，当局命令导演山本萨夫不得将占领军成员纳入画面中。英语标志、被炸弹重创的地区，甚至美军的吉普车等形象都被移除。正如历史学家约翰·道尔所评论的，"被'占领'的银幕不只提供了一个崭新的、想象中的世界，它还让某些东西消失了"。

所有新剧本及书目的标题都经由民间情报教育局仔细审查。这个特殊办公室的一项颇具讽刺意义的任务是清除所有表达反民主情绪以及任何展现反对占领军最高司令命令想法的作品。1946年，被送检的500部影片中超过一半被焚毁，造成了难以挽回的损失。任何提及美国空袭东京及其他城市的内容都是被禁止的；关于长崎和广岛原子弹的书籍和电影也同样不允许发行。

这种做法与明治时代故意毁去珍贵佛教艺术品的行径如出一辙。复兴的狂热有时会导致对文化的阉割。受到诱导的电影公司认为自己过去的杰作是封建的，于是把它们扔进焚化炉。一首在1951年极度流行的歌曲《长崎之泪》就道出了氛围的变化——对占领者的顺从渐渐侵蚀了人心。

审理德国战犯的是纽伦堡国际军事法庭，而审理日本战犯的则是远东国际军事法庭，它也常被人称作"东京审判"。在法庭上，11名来自被占领国的法官听取了控诉28位在1928—1945

年间掌握日本国权力的主要人物的证词。故而，这场审判的结果是注定的。与纽伦堡审判不同，东京审判中没有无罪判决，尽管两名被告在审判结束前死亡，1 名被告——疯狂的空想家大川周明被宣布精神失常。判决结果是 7 人死刑，16 人终身监禁，2 人有期徒刑。鉴于法庭有缺陷的审判程序，这样的结果也足以预料。其中一位菲律宾籍法官是巴丹死亡行军的幸存者。这场审判还以它的“遗漏”而闻名于世——天皇没有被起诉，甚至没有被要求出庭作证；谋杀中国士兵和平民的细节没有被详细说明，比如驻扎在哈尔滨平房地区的日本生化战分遣队对中国人进行活体解剖或将他们暴露在鼠疫、霍乱等细菌中。希望得到实验信息的美国人与为“731 部队”工作的日本科学家及医生达成了豁免协议。这些人回归了正常社会，其中一些还在科学和医学界中功成名就，有些甚至还经营着自己的医院。盟军所犯的战争罪和暴行没有被提及，比如投放原子弹，对东京平民区进行地毯式轰炸，苏联在战争最后几日对日本的攻击以及它处理日本士兵的方式。

在准备纽伦堡和远东国际军事法庭的过程中，美国和英国采取了一些手段让他们自己提前豁免了战争罪的起诉。这些罪行包括两大类:“反人类罪”和“反和平罪”。东京审判是一场“胜利者的正义”——这条来自战时首相东条英机的描述着实令人难忘。可以预想，对东条英机的审判是东京审判的核心。他戴着玳瑁眼镜，脑壳光滑得像鸵鸟蛋，坐在那里执迷不悟地为他的民族主义大放厥词，毫不掩饰地表现着对庭审的不屑一顾。

在他的庭审质证期间，法庭旁听的入场资格有价无市，只能从黑市上获取。作为一个吹毛求疵、追求完美的人，东条揽下了他战时行为的全部责任，不过，他不经意间的一个小失误让整个庭审过程陷入了停顿。“我们中没有人，”他声称，“敢违背天皇的意愿行事。”有人对他施压，迫使他撤回自己的言论。一周之后，东条再次出现，肯定了天皇一直主张和平。1948 年 12 月，在简单食用了一碗冷米饭和一壶清酒之后，东条英机被绞死在巢鸭监狱中。所有未被处死的战犯在占领期结束后都被假释，1958 年后被无条件释放。

占领期开始后，政治犯是第一批被释放的。入狱或被迫躲藏起来的左翼作家们回到了东京，以新的热情重新投入了工作。随着一些日本的文学巨匠恢复刊载，比如谷崎润一郎、大佛次郎和志贺直哉，新的杂志开始发行。单是 1946 年，人们的书架上就出现了 60 本新刊物。出版业与艺术界的复兴反映出了在一座物质边界正在扩张的城市中，人们重新燃起了对文化的渴求。1947 年 3 月，东京将被战争摧毁的 35 个区重组为 22 个区，之后再次调整成 23 个区并沿用至今。《地方自治法》不但完善了分区，还将城市变成了一个与县政府具有相似权力的自治实体。到了 1950 年，战争末期被削减至 348 万的人口恢复到了 627 万。

与欧洲同行的战后待遇相比，日本文坛及艺术界的战争贩子们似乎轻而易举地逃脱了处罚。曾经支持战争事业的艺术家在日常生活恢复之后就重新融入平民百姓的生活中，许多人继续出版或展示他们的作品。小说家林芙美子曾将她的能力用于报道战争，成为日本皇军的随军记者。她曾经从南京发回报道了臭名昭著的南京大屠杀。即使如此，她也被原谅了。不过，原谅她的公众们本身也不是无辜的，他们在战争早期曾经如此狂热地支持着这场战争。

鉴于天皇支持盟军的占领，而且罢免他将会导致社会动乱、非暴力反抗或更糟糕的结果，裕仁天皇逃过了处罚。这位战时君主被认为错在失察，而非罪在实行。“故而，”唐纳德·里奇如此评论道，“最为‘封建’的对象——帝制，没有被肃清。”天皇是不是有罪这个问题将永远让人沮丧和懊恼。他既是国家神圣的大家长，也是帝国武装部队的最高指挥官。战争以他的名义进行，战争的动员获得了他的正式同意和背书——无论他在开始是多么不情愿。在战争快结束时，裕仁天皇催促着军队“获得另一项惊人的军事利益”，以使日本在谈判中获得更有利的条款，而在同一时间，无数的生命正在逝去。

在日本，历史事实之所以模糊不清，一定程度上归因于政府及宫内厅记录帝国事务的方式。尽管日本帝国历史的官方表述经过了更为客观的团体的审查，但它存在的根本目的依然不是阐明事实，而是免除帝国现行制度的责任。因为天皇在战争期间的所有行为都隐于幕后，他的谋臣们才能坚称天皇的作用只是为其他人的决定加盖橡皮图章。天皇批准了 1937 年侵略中国，知道日军在中国使用了化学武器，还兴奋地谈论对珍珠港的袭击。即便如此，在麦克阿瑟将军领导的盟军占领人员的首肯下，历史还是成功地塑造出了一位善良无咎的名义领袖形象。天皇在需要的时候可以淡漠疏远、不理世事；在有利可图之际可以变得精力充沛、干劲十足。他相当擅长在与朝臣贵族、政客和将军交往时呈现出不同角色需要的天差地别的形象。

1945 年 9 月 27 日，天皇以私人名义拜访了麦克阿瑟将军，表达了他的尊重之意。这次拜访之所以意义重大，不只是因为它意图在两人间建立融洽关系并决定盟军占领的方针计划。那张两人会见场面的照片同样重要，全日本所有媒体的头版都刊登了这张照片。相片中，将军比身材矮小的天皇高出许多，他垂手而立，没有佩戴领带，看上去相当放松；裕仁穿着不属于这个时代的礼服，姿势僵硬地站在将军身边，好像他正在检阅着他的幽灵部队。在日本民众看来，这张照片只能代表日本被一个更强大、技术及军事上更优越且物质上更富裕的敌人打败了。

然而，这两个站在镜头前的男人——如同希腊戏剧中表演的那样一个代表失败、一个代表胜利——仍然找到了一些共同立场和相互尊重。占领军方面努力将出镜率极高的白马武士形象转变为清白无罪的战后和平象征。在占领期结束后，日本政府和宫内厅接手了这项任务。或许直到 1975 年，当天皇访问洛杉矶的迪士尼乐园，与米老鼠等逗人喜爱的卡通朋友同框拍照时，这一形象工程才算完成。

战争罪行是一回事，当时泛滥失控的日常犯罪又是另一回事。在这令人绝望的岁月中，你可能因为从黑市上买了一袋糖而被人从背后割喉；人们对入室盗窃习以为常，夜晚逛公园对女人太过危险；肉体交易几乎无处不在，这个行当仍然是合法的，生意好做，利润不菲；从轻微犯罪到政治再到建筑业，极道（黑社会）在各种活动中的参与程度成了历史之最；服用烈酒和毒品已经成为战后场景一部分，冰毒（甲基苯丙胺）在街面上随意可以买到，受雇于战后重建项目的许多劳工都使用过兴奋剂。

1948年1月26日下午，在池袋附近的椎名町帝国银行分行中发生了一起性质截然不同的犯罪。一个声称是厚生省巡检员山口次郎医生的男人要求与分行经理见面。他解释说一口社区水井受到污染，导致当地爆发了痢疾。他继而拿出一个装着标签瓶的盒子，命令银行工作人员每人服用两剂盒子中的药物。几分钟后，男人离开了银行。他只带走了很少一部分钱，留下大量原封未动的现金和16具垂死挣扎、痛不欲生的躯壳。这些银行工作人员服用的溶液中可能含有氰化物，他们中的12人最终不治身亡。嫌疑人是一个没有明显不在场证明，但有健忘、精神病病史的艺术家。在经过长达两个月的不间断审讯之后，他“承认”了罪行。然而，东京城最恶毒的这桩犯罪的凶手究竟是谁，至今仍然疑云重重。

同年夏初，公众震惊地听说作家太宰治和他的情人双双自杀。西东京区因雨水而暴涨的多摩川运河河水冲刷着他们的尸体，直到被人发现。天赋出众的太宰治是个败家子，他把家里给的零花钱都浪费在了女人、饮酒和严重的毒瘾上。不过，他也写出了《人间失格》和《斜阳》这样的杰作。那些同他一道为人类生存境况担忧和悲伤的年轻人如饥似渴地阅读这些作品。

太宰治的小说与其他所有人的作品一起经受了审查制度的考

验。比起战时的日本审查，占领军版本的审查虽然松了许多，却更为阴险，因为它往往难以察觉。战时的报纸、期刊和其他出版物上满是粗暴的涂涂改改。那些大叉、空白和插入的圆圈都指示着哪些段落触犯了禁令。占领当局没有继续使用这种方法，这使得人们不知道究竟哪些东西被审查了。海伦·米尔1948年的著作《美国人的镜子：日本》强烈批评了导致占领发生的先决因素。这本书没有赢得当局的好感。麦克阿瑟亲自插手干预，确保这本书不会被翻译成日语。按照一种令人费解的双重标准，盟军最高司令一边推行言论自由，一边完全禁止人们讨论或批评他的政策。麦克阿瑟的自视甚高、演说、作秀和他的司令部颁发的法令——这些专横或专制程度完全不输于战时的裕仁天皇。当时流传于东京的一首歌里有这么一句歌词："每个人都在要民主，但在两个皇帝手下，我们要怎么当家做主呢？"盟军最高司令部的官员们听说这事后，这首歌当即被禁，倒霉的歌手被狠狠训斥了一番。

占领当局曾经正式鼓励日本人成立工会，以促进自由社会主义的传播。但后来他们改变了态度，开始逐渐弱化两者。占领当局的官员们着手将共产主义支持者从教育机构和公务员队伍中驱逐出去，并开始对媒体进行清理。今天看来，当时占领当局的审查既挑剔又傲慢，但哪怕是在最严苛的时候，它都无法与战争时期单调乏味的内容管控相提并论。

小小的自由开始出现，1952年发行了几种新的周刊。当年8月，《朝日画报》首次发布了一些整版尺幅的照片以展示原子弹受害者的境况，反响相当热烈，那一期画报销售了 70 万份。在这个前电视时代，街头巷尾仍然是充满生气的互动空间。《纸芝居》（连环画剧）的人气在 1949 年达到了顶峰。大约有 5 万说书人用连环画卡片向儿童听众讲故事，以此来兜售糖果和饼干。战争期间政府曾用《纸芝居》来进行战争宣传；占领期间，美国人做了同样的事情——他们用《纸芝居》来推销以西方价值观为核心的故事。

在孩子们眼中，一切都在变好。1949 年 9 月，应孩子们的请求，印度总理贾瓦哈拉尔·尼赫鲁向日本儿童们赠送了一头大象。尽管在半夜下船登岸，这头以尼赫鲁的女儿英迪拉为名的 15 岁“巨兽”仍受到了大批孩子的欢迎，从芝浦港到上野动物园沿线都挤满了孩子的身影。大象慢吞吞地走着，庞大的身形让小观众们惊叹得说不出话来。在前往动物园的路上沿街而立的一些成年人或许在看到这头动物时会想起印度的壮美山河来。仅仅在数年之前，日本军队曾经入侵了这个国家的北疆，夜晚穿行在被占领城市的街道间。

国家奥林匹克体育场上方的“大锅”中曾经燃烧的火焰照亮了 1964 年夏季奥运会。东京是第一座两次举办奥林匹克运动会的亚洲城市。

（图片来源：Dddeco，CC BY-SA 3.0）

第七章　独立的城市

有害环境——东京奥运会——抗议——经济泡沫——又一座新城

1954年秋天，东京市民们突然“看到”东京湾出现了一只巨大的爬行动物，人们正在惊恐万分地四处躲闪。这只生物在首都横冲直撞，摧毁了城市的许多地方，包括国会议事堂。

那年在电影院上映的第一部哥斯拉电影有着黑暗的预言式剧本——反映了战后初期的焦虑。影片发布8个月之前，美军在太平洋区域马绍尔群岛的比基尼环礁进行了一次氢弹实验，路过的渔船“第五福龙丸”的船员暴露在了实验产生的辐射中。在回到东京之后，渔船的无线电报务长死亡。这个事件激起了民众的愤怒并引发了一场激烈的反核武器游行示威。哥斯拉这头怪兽正是在一场核试验之后从长达数个世纪的休眠中被惊醒的，它象征着人们对这种可怕实验的本能恐惧。

面对天灾、自我毁灭式的人祸以及哥斯拉这样的变异生物，东京的重建速度是惊人的。1957 年拜访东京的英国作家安格斯·威尔逊指出:“新东京未必会变得美丽，却必然将令人印象深刻……我心中一直觉得天灾之城东京是未来原子时代世界城市的典范——一种即兴发挥的粗制滥造加上永不停歇推倒重建的混合产物。”

另一位英国人，诗人詹姆斯·柯卡普在两年之后来到东京。他写道:“东京给人的第一印象与其说是一座城市，不如说是一个巨型工业化郊区，丑陋和吵闹至极。”不过，他后来又加了一句评论:“尽管东京又丑又乏味，但生龙活虎、生气勃勃、生生不息又生灭无常的日本人民亲手把他们的城市转变成了现代世界最有活力又最有魅力的地方。”

20 世纪 50 年代初，日本经济情况已岌岌可危。不过，1950 年 6 月爆发的朝鲜战争意外地助推了日本的经济发展。仅仅在数年之前，日本还在与美国人进行生死之战，现在它却开始为前敌人提供在亚洲进行另一场战争的物资。这在某些日本人看来，不得不说是有些讽刺的。日本不再是西方世界的敌人，而是一个重要的战略伙伴，一个经济正初现繁荣之兆的盟友。战争开始时美国人奖励日本的特殊采购合同刺激了它的经济：1947 年，城中有商务办公室 28.1 万间；到了 1954 年，这个数字增长到了 35.9 万。

“二战”后，以东京为主要活动范围的宗教派别数量也经历了类似的激增，这个现象被称为“神明的上班高峰”。这些宗教团体提供各种各样逃避现实的极乐手段，尽管在他们令人惊诧的主张中，有些只能引人发笑，而不能带来虔诚。“当我张开嘴的时候，”舞蹈教派的女性创始人声称，“神圣的广播就开始了，你们能够直接听到上帝口述的启示录。”政治作为仅次于宗教的信仰，也出现了类似的现象。那时的东京见证了意识形态的百花齐放。到了 20 世纪 60 年代，世界以对立的意识形态为界变得越来越两极分化，日本也不例外。对占领军心生不满的东京青年们在 1952 年的《反颠覆法》和《日美安保条约》中找到了用以抗议的问题。1952 年五一劳动节，在工会领袖、共产党员和“左倾”知识分子的影响下，大量工人和学生集中起来发动了一场抗议《美日安保条约》的示威活动。抗议人群与装备了催泪瓦斯、手枪和警棍的防暴警察发生了冲突。冲突造成了 2 人死亡，无数人因暴力和踩踏而受伤。

随着日本的政治变化和冷战的到来，战后被肃清的保守派领导人开始重掌权柄。岸信介是 1941 年日本向美国宣战书的签署人，后来又因为主持满洲里工业项目而成为战争罪嫌疑犯锒铛入狱；他在东条英机的内阁中担任军需省次官。一个有这样履历的公众人物居然能在 1957 年被选举为首相，这在仅仅数年之前都是不可想象的。然而，俄罗斯、朝鲜的咄咄逼人改变了一切。作为一个倾向于与美国组成强军事同盟的坚定分子，岸信介被认为是华盛顿在东京的特派员，数百万美元通过中情局汇集到他和其他自民党领袖手中。

抗议示威者试图阻止岸信介的飞机从羽田机场起飞，但是《日美新安保条约》依然于 1960 年 1 月 19 日在华盛顿签订。当首相坚持要国会投票通过未经任何修改的条约时，约 60 万人冲上了首都街头。岸信介和他的自民党还在下议院推销延长条约有效期。消息一经透出，城中立即爆发了更多抗议。社会党的国会议员发动了一场静坐抗议。不过，他们随后在警察和右翼“公共助理”的配合下被驱散。

由全学连（一全国性的学生联合会）和左翼激进团体组织的抗议示威者聚集了起来。岸信介派遣了一个高级助理秘密会见东京的黑社会头目。后者快速招募了 2 万名极道成员和超过 1 万名的极端右翼分子用来攻击抗议的人群。岸信介为他们提供了充裕的资金，装备了直升机、卡车、联络基地和食物等设施。极道老大和他们的随从在国会特别会议当晚就待在国会议事堂内帮助镇压抗议。他们堵住大门，不让在外面集结的反对条约批准者进入大楼。一些参与暴乱的学生在国会议事堂入口的台阶上撒尿，以此表达他们的愤怒。

6 月 10 日，当美国大使道格拉斯·麦克阿瑟和白宫新闻发言人抵达日本为下一周的艾森豪威尔总统访日作准备时，民怨再一次沸腾了。在机场迎接美国使团的是数千抗议者。美国人的车辆遭到了袭击，他们被迫通过美国海军陆战队的直升机快速撤离。1960 年 6 月 5 日，10 万示威者聚集在日比谷公园，朝着国会议事堂一路游行，抗议修订的安保条约。由全日本学生自治会总联合领导的 7000 多名示威者攻破了议事堂的南门，与防暴警察发生了冲突，后者对人群使用了催泪瓦斯。据报道，一个名叫桦美智子的东京学生在这场冲突中死亡，后来她被授予了“学生运动的圣女贞德”之名，实现了某种殉道。示威结束后，艾森豪威尔的行程被取消了，岸信介在6月23日辞职，内阁成员在一个月后全部下台。

日本从美军的采购业务中获利颇丰。这似乎证实了它是越南战争的共犯，虽然它并没有直接地参与战斗。此外，日本政府对美军持续占领冲绳——美国轰炸机载着大量炸药从那里起飞——以及海军陆战队的容忍使美军能够预演印度支那半岛北部丛林中的战斗。这些事实为城中炸药桶般的气氛又添了几把火，东京正在演变成一个政治战场。

有一个名为“べ平連”（越南和平市民联合会）的团体帮助美国逃兵在东京进行秘密活动，并试图破坏从战争中谋得巨大利润的三菱公司的股东会议。对演奏木吉他的反战分子和拥护燃烧弹和革命的激进分子来说，新宿街道算得上一个理想的活动平台。1968年10月21日，国际反战日当天，约2000名青年控制了新宿站。这次事件被称为“新宿暴乱”。人群拦下火车，焚烧车厢，以此抗议日本国有铁道公司参与美军越南基地的建设。骚乱发生的当晚，大约有450人被捕。第二年，7000名自封的“民间游击队员”集结在车站地下的隧道和人行通道内，高唱反战歌曲。这一次警察使用了催泪瓦斯并逮捕了他们。

早在1966年，罢课就在东京城颇具声望的早稻田大学中爆发，学生们在反对势力及许多同情他们的民众的支持下，整整罢课了155天。1968年，东京大学——国家最重要的高等学府——医学院的罢课蔓延到了其他学院，接着全国200余所大学也卷入其中。到了 10 月，东京大学的本乡校区和驹场校区几乎停止了运作，原定第二年进行的入学考试也被取消。

刚开始，东京大学学生关心的事情集中于校园的民主化，他们的愿望是比较适度的，比如改革陈腐的制度、改善糟糕的课程内容，调整过时的官僚习气以匹配当今的学术界等。之后，大众对越南战争和《日美安保条约》的抵制加重了他们的不满，结果学生们占领了安田讲堂（东大校园内一座 9 层楼高的钟塔）。东京警视厅迅速反应，出动了 8500 名身穿防爆装备的警员，希望能把学生赶出建筑。警察使用了 1 万颗催泪弹，并从直升机上喷洒催泪瓦斯；高压水枪和大功率的消防车被用来打破封堵的门窗。学生们进行了反击，他们从钟塔顶上往下扔碎石板和家具部件。警察精疲力竭，他们对学生报复性地又踢又打，迫使学生投降。400 名学生当场被捕，其中 270 人受了伤，许多人甚至身受重伤，一名学生双目失明；警察也遭受了重创，710 人在战斗中受伤。

1969 年 5 月，城中最好争辩的学生——激进的"全共斗"成员——与才华横溢的作家三岛由纪夫在东京大学驹场校区进行了一场火药味极浓的辩论。三岛是帝制的坚定支持者，即使知道学生曾经扣押过人质，他依然拒绝了警察提供的保护。不过，他还是在腹部缠了一圈"腹卷"作为保护，以防可能出现的刀刺。足够讽刺的是，一年之后，挥刀的正是三岛自己。

1970 年 11 月 25 日清晨，三岛封了一个包裹寄给出版社，里面存放的是小说《丰饶之海》四部曲之四——《天人五衰》的最后一部分。上午 11 点，在他组织的私人准军事团体盾会的 4 名学员的陪同下，三岛抵达了日本陆上自卫队东部总监部司令部，径直走进了益田兼利陆将的办公室。他堵上大门，把将军绑在椅子上，然后走到办公室阳台上，对下方密密麻麻的士兵和记者发表了一篇演说。听众们的奚落嘲笑声，直升机在头顶盘旋时的轰鸣声，警察拧动摩托车的油门声，这些嘈杂的声音将三岛的激昂话语淹没了大半。他正在宣读一份宣言，号召人们复兴帝制，恢复战时的日本价值观。在大喊了三次“天皇陛下万岁”之后，三岛退回办公室内，跪在地毯上切腹自尽。他选中一名学员完成介错（致命一击），但是学员笨拙地试了 3 次都未成功，给他造成了巨大的痛苦；随后另一位学员拿过刀，完成了最后的斩首。如果三岛的意图是在军队中激起民族主义怒火并煽动叛乱，或者让日本重新长出钢铁与肌肉来唤起帝国主义的复兴，那么他的演讲是一场彻头彻尾的失败。在一张拍摄三岛在益田将军办公室阳台上疾呼的新闻照片中，相机的角度无意中让三岛的形象显得瘦小而细长，仿佛被他自己的怒火烧得萎缩干枯。

在肮脏的政治氛围中，东京人开始越来越关心他们呼吸的空气。1959 年，城市赢得了奥林匹克运动会的主办权。不过，这个好消息注入东京居民们心中的市民自豪感却被全城上下骇人听闻的环境状况冲淡了许多。每年都有数以万计的人向东京市政府递交申请，要求为各种烟尘导致的疾病提供补偿。烟囱、炼钢厂、发电站和垃圾焚烧的排放物迫使许多居民戴上口罩或从自动售货机里购买氧气。

空气中碳烟颗粒在减少，但是二氧化硫和一氧化碳水平的激增非常令人担忧，两者的浓度在邻近奥运的日子里一直处在高位。随着汽车排放量的上升，白色烟幕的浓度越来越高。政府设立了急救站来救助被有毒空气呛晕的人；街面餐馆的正门口挂上了塑料帘，以阻止这座发臭的城市中到处都能闻到的粉尘、烟雾和速凝水泥味进入店里。“东京的空气污染，”公害行政部门的员工川浪义明（音译）评价道，“很快就变得和伦敦一样严重。”

在一座20世纪六七十年代的高度工业化城市里，发现有害空气的来源并非难事：它从燃煤炼钢厂、锅炉、罐头工厂、铸造厂、玻璃制造厂和石油化工厂的烟囱里喷涌而出。战后初期常见的燃煤出租车消失已久，但是其他烟尘制造者使得污染愈演愈烈，比如以煤油、木材、木炭和谷壳为燃料的厨房灶具，垃圾焚烧炉和拆迁区（那里常常就地焚烧建筑的木架构和椽楣的老木头）以及劳工使用的生锈油桶。夜间售卖玉米棒子、烤板栗和烘山芋的小贩给这座烟雾弥漫的城市增添了更多的味道。

1967年4月15日的选举将美浓部亮吉送上了东京都知事之位，他在这个位置上连任了三届。这场选举从表面上确实带来了“一股新鲜的空气”。政府对捷径式的经济发展、投机式的房地产投资以及毫无节制的企业扩张情有独钟，却牺牲了福利改革和对环境的考量。美浓部的竞选标语“还东京蓝天”正是巧妙地回击了政府的这种偏好。除了冻结多余的城市高速公路建设的资金和引入只供行人通行的步行街之外，他们最重要的改革举措是颁行了《东京都污染条例》，施压将重工业移出了城市范围。尽管其他问题仍然存在，在之后的整整10年里，烟雾几乎没有在城市中出现过。

战后时期的一项重大工程是333米高的无线电信号发射建筑——东京塔。它的主要功能是发送用来传输电视图像的无线电波。1953年朝鲜战争停战之后，许多剩余的美军装备留在了日本。由于缺少工业级的金属，东京塔的建筑承包商购得了300辆退役的美军坦克并将它们回收利用，熔成了用来建设东京塔上层部分的钢架。许多人死在了艰难的建设过程中。有些人认为这些事故是诅咒导致的——东京塔的一只铁脚踏在了位于增上寺旧址的德川将军墓中。1958年的圣诞夜举行了东京塔的启用仪式。这项工程的爱国目标是展示一座从战争的毁灭中发展壮大，并力图在国际社会中获得一席之地的城市，尽管这座毫不掩饰地复制埃菲尔铁塔的建筑并没有在海外收获什么关注。作为经典的山寨建筑，东京塔在外国人看来顶多是一件糟糕的仿制品，代表了现代日本的一切粗俗与拙劣的构想；对于日本人来说，它却是进步的象征。

不久之后，一项比东京塔更大的计划开始了。这项被称为“万亿日元奥林匹克”的计划公开宣称，要让日本重新被国际社会接纳。这项盛事将驱走所有微妙的阴影——永井荷风这样的作家所享受的属于一座古老城市的细腻荫翳与纹理——取而代之的是闪亮新都城的炫目之光。在这项计划中，超过三分之二的预算被用在了基础设施的建设上。城市外貌接下来发生的变化包括了建造连接首都与大阪的东海道新干线、100千米长的新高速公路，以及一条连接东京市中心与羽田国际机场的单轨铁路。“二战”结束后，涩谷代代木地区的老练兵场被征用，成为美国的军事人员及家属的住宿用地。这块被称为“华盛顿高地”的场地现在被归还给了日本以作为奥运村的建设用地。随着奥运会的日期临近，工期的延误不可避免地出现了。通向羽田机场的滨海高架快速路的建设被搁置，因为拥有公路沿线土地的渔民趁机大敲竹杠。在城市的其他地方，政府指定要开发的土地已经被投机分子买了下来，准备坐地起价。

另一个让奥林匹克规划者们头疼的问题是缺水。水库应该在运动会数个月之前就被填满，但是一直没有足够的雨水。日本人疯狂地进行补救。为了缓解缺水问题，他们挖掘了自流井，将运河连通到新的河源，用日本自卫队飞机往云团里撒干冰，还实行了限时供水。在邻近城市的小河内水库，一个头戴红狮面具的神道教祭司跳了一段祈雨舞。他还告诉公众，不要期待祈雨立刻就会有效果。这个神职人员解释道：“祈祷者的诉求传到龙神那里需要两天的时间。”

市川昆的代表作，1965 年的纪录片《东京奥林匹克》是一部鸿篇巨制，近 600 人参与了制作。奥组委原本想要的是一部赞美奥运、突显日本运动员的电影，得到的电影却向他们展示了一幕幕辛酸感人的人性画面：第三而不是第一名到达终点的人精疲力竭地倒在地上，身体蜷缩，表情痛苦；影片的最后一个镜头，在空旷的体育场中，一个孤单的人影扛着一把梯子从一头走到另一头。直到数十年之后，人们才看到了电影的未删节版本。这部纪录片突出展现了一些令人印象深刻的奥运建筑，比如丹下健三设计的威风凛凛的国家体育馆建筑群，这项设计让他获得了普利兹克建筑奖。奥运会以及举办奥运会所需要的大规模改造规划推动着东京跻身于世界上最富有的城市之列。

人们建造了通向城市各地及奥运场馆的新地铁线路以及地面道路。在准备奥运的短短几年之内，仅道路建设及修缮工地就达到了 1 万处。夜间道路施工人员使用的柴油压缩机和强光照明相当恼人，居民们不得不在窗口挂上黑色的窗帘，靠耳塞来屏蔽屋外的噪音。

这种预示了经济将高歌猛进 30 年的翻涌活力让所有保留旧日城市痕迹的考量都黯然失色。新的首都特快列车四号环线被安装在了日本桥上方，成了便利胜过传统的实例。城市规划者把庄严宏伟的日本桥发配到了寒冷的阴影中，让它几乎从人们的视线中消失了。这种以务实为名的粗俗有效地贬低了日本桥的价值。为了避开购买土地造成的成本上升和工期延迟，许多高架桥建在人工和自然河流上方；另一些水道被建筑垃圾和碎石填满。在河道仍存的地方，未处理的废水和生化污泥构成的混合物阻滞了水流，杀死了鱼类，把曾经迷人的水道变成了腐臭的污水坑。

人们认为天皇的居所上不应该有任何阴影，因此为了表示对宫城的尊重，政府曾规定丸之内地区的建筑不得超过 8 层楼。在 20 世纪 50 年代，这些规定就经受了考验。到了奥运会的时候，在屋顶下放置守护佛像的风俗已经见不到了。另一些旧迹清除措施可以追溯到奥运会之前。在这场盛会之前，政府告诉公众，西方人不喜欢看到随地小便的现象，并在地铁中放置了标识牌作为提醒。城市红灯区的大量站街女和上野公园中的流浪人口或自愿或被迫地消失在了人们的视线中。在城市让自己体面地招待世界的强烈决心之下，被牺牲的还有约 20 万条流浪或遭遗弃的猫和狗。人们在将之围捕之后，用二氧化碳将其闷毙。

发展必然是不平等的。20 世纪 60 年代的迅速繁荣和城市对美国文化的欣然接纳都无济于解决始终存在的贫困问题。在一篇为《生活》杂志撰写的关于奥运会的文章中，亚瑟·库斯勒评论说，东京是“世界上第一座拥有连接机场和市区单轨铁路的城市，却没有全市性的污水管道网”。实际上，在全城的 23 个区中，只有不到四分之一有现代排污系统。真空吸污车从建筑下方抽走人类排泄物，而后在城市中穿行，将臭味弥散在空气中；厨房和洗涤废水倾倒在路边的开放式阴沟里，喝醉酒的男人们也常常在这一地方止步撒尿。

奥林匹克运动会同样也有非物质的一面。神道教的神官们在新铺设的体育场馆地基上举行了净化仪式，还在奥运村厨房启用的当日做了法事。吉祥之气也许在奥运的最后准备工作中起到了一些作用。1964 年 10 月 8 日，离开幕式只有两天，所有的基础设施建设已大体完工，为这场盛事作好了准备。忽然间，一场台风刮过了东京街头，将城中的垃圾、尘土和空气污染一扫而空。

尽管财产与市容因为台风略有所损，但奥运会依然被誉为一次巨大的成功。在开幕式上，点燃奥林匹克圣火的是一个在原子弹投放当日出生在广岛的青年。日本自卫队的喷气式战斗机骤然起飞，在天空中画出5个奥运环。此次奥运会，日本选手令人震惊地赢得了16块金牌，仅次于美国和苏联。作为一场体育赛事和展现新日本的窗口，东京奥运会是一次真正的奥林匹亚盛会，是日本再一次被国际社会接受的标志。东京不再是三流的首都，它是一座光之城，一座闪耀的国际大都市。

在这个日本举国大兴土木的时期，规则的松懈与建造过程的粗制滥造是众所周知的。身居高位的政客官僚与世界最激进的房地产管理企业组成了紧密的联盟。他们将东京变成了大规模土地开发的中心，城市毫无计划地外扩，而后在扩张带中留下了大量边界模糊的郊区和城中空地。许多人不得不忍受拥挤的苏联式公租房——某种发达世界的人们所能想到的最致郁的城市生活环境。越来越多的农村人被吸引至城市寻找工作。为了向他们提供住所，许多类似的“团地”* 被匆忙建造出来。1955—1965年间，大东京地区的居住人口从1320万增长到了1880万。因此，住房问题长期难以解决就不足为奇了。地方政府运营的公租房计划为人们提供了两室的小公寓，分离的用餐区和抽水马桶使这些公寓有别于战前的居住条件，故而很少有人抱怨狭窄空间的不体面。然而，还是有许多年轻上班族不得不居住在被称为“木造赁贷公寓”的劣质木制造的租赁公寓内。

城市分区制的概念早就存在，但是它的实行非常随意。当时有一种观念认为城市是恒常变化的有机体，基础设施的变化速度

---

* Danchi，20世纪60年代日本特有的混凝土结构的建筑群，从三四层楼的建筑到拥有学校、商店和操场的大型建筑群。——编者注

较慢，而个体建筑的更替速度较快。这种观念推动了丹下健三和矶崎新、黑川纪章等青年设计师主持的建筑新陈代谢派运动。丹下深信，“像东京这样彻底向中心发展的城市必然会随着人口的增长而陷入混乱与瘫痪的状态”，他的思想体现在 1960 年《东京规划》中。丹下和他的团队主张为这座在 1950—1970 年间人口几乎翻倍的城市建设一条“都市轴”，即“一种能够像脊椎动物一样成长的线性结构”。这项计划要求进行办公楼、住宅和商业单位三级建设，并建造延伸至东京湾的交通体系。类似的，矶崎新的《空中城市：新宿计划》也是一个领先于时代的想法。这项雄心勃勃的设计旨在于城市的关键节点上建造一片彼此相连的摩天大楼。

城市的物质形态看上去不甚协调，像是临时拼凑的。不过，它的文化方面倒是再度繁荣了起来。到了 20 世纪 60 年代，思想似火热的岩浆般流淌。剧作家和导演们立足于日本表演形式，寻求现代主题的表达。这样的尝试中包括寺山修司、唐十郎和铃木忠志等剧作家的实验性作品，而且他们的表演场地前卫得扎眼：寺山在驳船、仓库、阁楼和大街上组织演出；存在剧院的一出剧目是在一顶亮黄色的帐篷里进行的。只要能找到足够的空间，哪里都可以把帐篷扎起来。他们用过的营地包括河岸、停车场、弃置的墓地、飞机场、废弃的火车调车场和上野公园的荷花池畔。

新宿成了政治行动主义、电影放映和激进艺术展览的心灵圣地。这标志着东京已经与国际文化和国际行动主义步调一致。都市的快速发展以及媒体和技术令人眼花缭乱的变化，为新的跨媒体艺术提供了发展的沃土。20世纪60年代出现了许多地下剧场，比如天井栈敷和天蝎座。1962年10月，高松次郎和他的几个艺术界的同伴在山手线火车上组织了一场“快闪表演”。

早年战时的耀武扬威、自负狂妄和民族主义在泡沫经济年代再次出现。这个从1985年开始的镀金时代充斥着财富、浪费、腐败和一种极有影响力的强烈观念——日本例外主义。日本人的手中满是钱财，不知道该怎么花，于是他们开始寻求文化上的霸权与优越性。城市笼罩在财富迅速积累带来的必胜信念中。东京人强烈地意识到，对一个曾经战败的国家来说，最好的复仇形式就是成功。一个日本商人因为一句广为人知的调侃而成了全世界媒体的关注对象。他说道，“在新的世界秩序中，美国将会成为日本的谷仓，澳大利亚将成为它的矿井，而欧洲则会变成日本的时尚精品店”。泡沫时代日本鼓吹的牛皮之一是坚称日本对周期性困扰世界的经济病毒免疫。

东京有许多夜间娱乐区都为同样的需求服务，比如六本木和新桥。不过，作为公费娱乐区，银座毫无争议地成了展示财富和对经济盲目自信的窗口。经常有目击者描述西装革履的男人拿着塞满钞票的手提箱从一个陪酒酒吧逛到另一个，这或许代表了日本金融大亨们的某些颇为古怪的习性。不过，他们的奢靡形式五花八门，绝对不止这一种。年轻的女人们身穿华丽的丝质和服和欧洲服装，夜晚走进有着“白金”“摩纳哥人”和“皇家俱乐部”这样类似名字的陪酒酒吧和夜总会。一家夜总会吹嘘装了貂皮软垫的马桶盖；另一家供应的单一麦芽威士忌被倾倒在从阿拉斯加冰川切下的冰块上。甚至有店家鼓励客人们仔细聆听氧气从万年冰晶中释放出来时的“噼啪”和“嘶嘶”声。在银座的餐馆中，你能享受覆盖着真金箔的甜品。

随着大量的金钱被用于投资土地，房地产的价格像坐了火箭般一路飙升。银行把钱借给企业或个人，后者再用这笔钱去买房地产，导致不动产市面价值的上涨。增了值的房地产又能够作为抵押获得更多的贷款，而投机者就用这笔钱去进行股票投资和购买更多的土地。银行继续根据估价过高的不动产抵押品进行放贷。在资产驱动时代的顶峰时期，皇居的土地价值据说超过了整个加利福尼亚州的房地产价值。许多日本人没有意识到外部世界是如何看待日本的。他们惊讶地听说，在一项《新闻周刊》的投票中，52% 的受访者认为对美国来说日本经济是比苏联的军事力量“更大的威胁”。

繁荣是暂时的。就像所有的经济繁荣一样，日本经济增长的势头最终停止了。在 1989 年的最后一天，日本银行插手干预，调高了利率，迫使土地价格一落千丈。美国的占领与此后数十年的经济增长促成了一种神话——历史是可以被暂停的，可以根据人的意愿被分割成完全断裂的时段，且以工整的二分法来定义：战前与战后；身为神的天皇与身为人的君王；绝对权力与民主；战争与和平；黑暗与光明；贫穷与繁荣。然而，与这个神话恰恰相反，历史是连续的。迈入下一个世纪的东京不是一个受救济的穷人，却在泡沫经济的崩溃中伤筋动骨。时过境迁，今非昔比。

1989 年 1 月 7 日，统治了日本 62 年的昭和天皇在吹上御所驾崩。这位天皇既是日本侵略亚洲邻国及投降盟军的人格化象征，又是不寻常的战后经济复苏的见证者。2 月 24 日，约 20 万人站在东京阴冷、被雨水打湿的道路两侧，目送着天皇的送葬队伍在锣鼓和竹笛声中缓缓驶向新宿御苑。一场神道教仪式在御苑中举行，来自 164 个国家的代表参加了仪式。

政府在大量警卫力量的严格把控下精心筹谋着民众对天皇的敬意，而与此同时，城中约 10 万人正在参加各种集会，指责昭和天皇是战争罪犯；也在同一时间，一场爆炸让涩谷区东乡神社的正殿剧烈晃动起来，神社的正门被震碎，天花板的一部分掉落下来，燃起的大火烧焦了外走廊的柱子。反对帝制的反建制激进分子声称对此次事件负责。当天东京城中还发生了另几次小规模的爆炸。

55 岁的皇太子明仁和妻子美智子继承了菊花王座，开启了新的时代——平成。一年后，一篇短小的报道出现在 10 月 2 日的报纸上，宣告了美国空军将领柯蒂斯·李梅的逝世，曾经这位将军所主持的 1945 年东京空袭导致了数十万东京居民的死亡。文章还不带任何讽刺意味地指出，在 1964 年，即奥运年间，将军因战后为日本航空自卫队作出的贡献而被光荣地授予了赫赫有名的勋一等旭日大绶章。

这枚勋章由天皇亲自颁发。这篇报道没有受到什么公众关注。到了那时候，几乎所有人都已经忘却了战争，也忘却了东京曾遭受的毁灭。

数个世纪以来，滚滚隅田川水一直是版画、歌舞伎剧与诗歌的主题。从河上远眺，可见东京晴空塔。

（图片来源：Dreamstime © Torsakarin）

第八章　裂纹

密集的基础设施建设——建筑实验室——有一座新城——死亡邪教——3·11

彼得·阿克罗伊德这么描写伦敦："主宰这个地方的神明永远是金钱。"这句话同样适用于东京。如果你让东京选择一位主宰的神明，结果很可能是惠比寿——象征商业及一切可获利之物的神明。

东京从未想过要藏起它的重商本性以及它对财富的膜拜。然而，与另一座同样建立在贸易、逐利和商战搏杀的城市威尼斯类似，它以文化之城的伪装来掩饰攫取者肮脏的欲望。在泡沫经济的十年中，私人收藏家与大公司对艺术品的收购既是一种投资，也是一种树立威望的形式。

尽管积累了相当可观的财富，东京没有成为一座通常意义上的宜居城市。能够享受它的舒适的只有非常富有的人。普通人依旧必须忍受人山人海的街道、水泄不通的火车厢和高速路，忍受束手束脚的工作环境和一直远不如西方的住房条件。江户时期就存在的空间上的不平等，在今天依然十分普遍。富人居住在更体面的山手地区或东京西郊更优质的社区中，而工薪阶层或中下阶层则被发配至隅田川的北部及东部地区。

在20世纪60年代，英国建筑师詹姆斯·莫德·理查德将东京形容为一座“可怕的电线城”。到了今天，如果说什么发生了变化的话，那么“电线城”问题在此后的数十年里变得更为严重，难以计数的高压电线仍然晃晃悠悠地悬在人们头顶。城市靠1980—1990年间的资产升值而获得的财富为新一轮过剩建设与无序发展提供了资金。许多20世纪七八十年代新造的高大建筑有着不规则的形状，外立面或为斜面，或呈阶梯状。这样的设计多用在被称为“マンション”（即公寓，英文“Mansion”的日文音译）的集合住宅上。这些公寓楼的上部为楔形，反映了综合建筑规范对确保周围的中低层建筑获得足够采光的要求。陆路交通取代了明治时代初期在低处的河道上行舟至城市各处的交通方式。同样，战后东京渐渐让位于栖息着新私人公寓和公共住房楼群的垂直社区。居民们认为自己属于居住地，而不是作为整体的城市。因此，居住在更理想的西郊地区的市民也许从来不会踏足拥挤的城北或河东中心城区。东京人把自己限制在城市的一隅，只看到城市的一面。

都城越是富有，它对城中受苦者的所求所需就越是冷漠无情。东京市民的漠不关心与伦敦、纽约和加尔各答的市民们并没有什么不同。这些城市都存在着许许多多因经济因素、家庭破裂、健康问题、酗酒、精神损害、生活放荡、累次犯罪或者仅仅是运气不佳而承受苦难的人。贫穷是财富浪费的必然后果。极端讽刺的是，在东京这座不平等的城市中，最显眼的东京居民恰恰是没有住处的流浪者。从某种程度上看，穷人之存在即意味着市政之失败，因此政府一直试图把他们移出公众视野，塞进架高的高速公路之下或杂草丛生的荒凉内城河岸之上。原来流浪人员聚集的整片区域被拆毁，因为它们以某种方式成为市政措施宣告失败的罪魁祸首之一，就好像这些区域本身是有罪的。

在位于九段下地区的靖国神社中，另一种不同的落败被粉饰成了“崇高的失败”。在这里，战争的记忆在时间长廊中徘徊不去，好似不请自来的臭味，哪怕再怎么擦洗消毒都挥之不去。建造于1869年的靖国神社本被用来供奉为天皇服务的日本将士的英灵，但它同样也奉祀着征招自日本殖民地的士兵的遗骨。神社名册上列有12名甲级战犯的名字，包括东条英机将军和2名在案件宣判前死在拘留所的战争罪被告。1978年，当这些名字被添加到靖国神社供奉者之列时，没有征询过公众的意见。直到整整一年之后《朝日新闻》报道了此事，人们才知道了神社的作所作为。

神社官方坚称为国捐躯者的灵魂是神圣的，应该受到供奉。现在，约250万战死者被供奉在靖国神社。对日本民族主义者来说，神社是在向为国家牺牲的“荣耀之魂”致敬；对战争受害者的家庭来说，这个地方的氛围给他们的感觉就像闻到了浓烈的嗅盐味一样，让他们再次想起了过去的恐怖。“右倾”和修正主义政府官员——包括一位首相在内——参拜神社的行径在受日本帝国主义加害的邻国间引起了极大的愤慨。

神社场地内的博物馆有几样特定历史时期的展品，包括一台在建造桂河死亡铁路时使用的蒸汽机、一颗有人驾驶的鱼雷以及一架完整的零式战斗机。从这些展览附带的文字中可以很明显地感觉到布展者毫无懊悔和自我反省之意。这些文字资料表明，日本在 20 世纪三四十年代进行的战争是一场为了将亚洲从西方殖民中解放出来的防御性——甚至可以说是英雄式——的圣战。为皇军的战争行为明确致歉，就如同美国政府为在广岛和长崎投放原子弹而正式道歉一样，是根本不可能的。或许在别处，人们也曾渐渐遗忘历史，也曾渐渐对其避而不谈。但是在靖国神社，人们激烈地驳斥历史，仿佛这么做能够挽回几分颜面。人们为如何解释历史剑拔弩张，这种紧张的气氛持续地回荡在东京街头，却毫不影响人们对在首都生活的渴望。

事实上，尽管全国出生率在下降，东京的人口却反倒是上升的。市镇规划者们数十年间徒劳无益地主张“去中心化”的发展计划，即把工业中心、办公及零售区、大学校园和主要的通勤目的地迁移至更靠近居住区的地方。各大卫星城的中心被安排在通勤换乘点上，而不是过度拥挤且大得不成比例的中心商业区。这些错综复杂的卫星城共同构成了一座改建后的“多峰型大都市”。部分实施的“港未来 21”（21 世纪未来港）计划，即横滨临海再开发项目；新建成的御台场，位于东京湾人工岛上的商业娱乐区，以及位于千叶县郊区幕张的集商务、居住和会务功能于一身的高层建筑群，都能够节省时间与距离，为拥挤的通勤列车减轻压力。

泡沫经济年代见证了史无前例的建设高潮。东京变成了一座建筑实验室，吸引了世界各地的建筑设计领军人物。这印证了日本建筑师矶崎新的观点，他曾写道：“东京这座城市丑陋得令人痛心，但是它也拥有一种神秘的活力，以至于在东京造楼对建筑师来说是一项巨大的挑战。”来到东京接受挑战、将他们的设想添入梦幻般的天际线的人包括了理查德·罗杰斯、休·斯塔宾斯、彼得·艾森曼、西萨·佩里、拉斐尔·维诺里、扎哈·哈迪德和法国的菲利普·斯塔克等建筑设计大师。

政治和军事观念为大城市定型，而文化能将之重塑，这句话用在东京身上是再恰当不过的了。六本木就是一个用建筑完全改变区域的最佳例子。明治时代，在帝国军队占领了该地的许多大名宅邸之后，军事校场成了今天六本木地区的主体功能。“二战”期间，日本陆军大学在此处选址；在随后的占领时期，美军使用了这块土地；1959年，土地被归还给了日本，接手的是日本防卫厅。

美国人的存在使六本木出现了俱乐部、酒吧和餐馆，变成了重要的娱乐区。在千禧年来临之际，所谓的“艺术三角计划”把它从一个虽然国际化却徒具光鲜外表的地方转变成了一个萌芽中的文化街区。这项计划将六本木新城森美术馆的后现代主义玻璃幕墙摩天楼，三得利美术馆所在的大型商业、休闲、居住中心“东京中城”以及国家美术中心联结起来。有人批评了这些营造过度的建筑群和“虎之门之丘”等后续工程。他们指出，这些建筑对于城市富裕地区来说是不必要的附加物，而大片大片特许建造的昂贵不动产无法对首都更贫困的地区产生任何益处。在居住条件方面，城市显然一如既往地对不断扩大的财富差异视而不见。驹场和田园调布这样的富有西部区与英国的中产阶级花园城郊类似，工薪阶层居民则人挤人地居住在通风欠佳的“鞋盒”公寓里——两者之间天差地别。

荷兰艺术家莫里茨·柯内里斯·埃舍尔以及电影制作人弗里兹·朗一定会既震惊于现代东京的财富差异，又着迷于它所具有的几何不对称。戈达尔的《阿尔伐城》在这里拍摄也毫无违和感。事实上，苏联导演安德烈·塔可夫斯基的《索拉里斯》就是在这里取景的。为未来寻找能够隐喻未来的视觉脱节感，雷德利·斯科特在新宿和涩谷找到了灵感。他将摄像机对准了霓虹灯下的街道和一簇又一簇层层叠叠的高楼，如此完成了科幻电影《银翼杀手》主要夜景的拍摄。

许多东京建筑似乎与它们周围的环境格格不入。城中遍地可以找到相邻者之间的不和谐：警察岗亭挨着“泡泡浴”按摩沙龙，神社边上是加油站，自动提款机与茶馆大门连在一起。有些地方一边是空空如也，一边是闾阎扑地。然而，就如唐纳德·里奇所指出的，对世界通用的标志、样式和象征不假思索地拿来即用倒也有几分特有的魅力。他写道：“有陶立克式柱子的不一定是银行，有红屋瓦也不一定是西班牙，人们爱怎么使用确实是他们的自由。”另一项颇有些讽刺的事实是，城市的许多重要地标是其他——多为西方——城市标志性建筑的复制品。东京火车站的蓝本是阿姆斯特丹中央火车站，新宿的MODE学园虫茧大厦就与诺曼·福斯特的圣玛丽斧街30号（常称“伦敦小黄瓜”）有惊人的相似之处。

为了实用而非美学目的设计的不协调建筑、混凝土覆盖的河岸、头顶蜘蛛网状的电线以及修剪去树梢的树木，这些令来访者议论纷纷的景象也许不美，但是东京确实是一座相当有序、安全和干净的城市。它有一种特殊的活力——永不停歇的变化、“嗡嗡”作响的白噪声，构成了东京生活不变的配乐，它们是这座城市正常运转的标志。若是终有一天它沉默了下来，那么这安静便预示着城市已走到了生命的尽头。

如果过去与现在之间的相连点看起来如此之少，那么两者该如何共存？部分答案在于日本人对“表”和“里”的区分。两者在字面意义上是“前”与“后”之意，但是另外也含有“外部”和“内部”的重要含义——对应着公开展示与私下隐藏之物。“表通”（城市宽阔的公共大道）与“里通”（幽深复杂的背街小巷）形成了鲜明对比。“表”奉行拿来主义的现代城市的表面功夫，让人眼花缭乱，转移视线不再注视深深嵌入其中的“里”。无论是因为天灾、空袭、政令、商事要务还是个人需求，变化成了东京城中的一种世俗仪式。尽管东京人习惯了表面改变，他们却仍然深刻理解城市的内在结构。在古老的江户防火隔离带的现代化身、那些宽阔的林荫大道背后，你会迷失在一连串迂回曲折的小路和岔出的巷弄里。文化既活在阴影中，也活在亮光下。

旧江户城堡的环状布局仍然影响着东京中心区域的形状。过去与现在之间的延续性在这一点上清晰可见。重要的城市陆上铁路环线山手线的很长一段都与护城河的轮廓重合。地铁线路和JR

（日本铁道）中央线沿着四谷运河填平的河床延伸出去，在御茶水和神田的运河边重新露出地表。从东京火车站出发的火车线路同样依循着原始运河的路线。这些运河被填平的目的就是为了给各种各样的轨道腾出空间。高速公路被纳入了原始的螺旋布局中。

尽管地表被改建得几乎看不见原来的样子，日本桥、银座和新桥的街道仍然在更广义、更合布局的标准上遵循着江户时代的分区设置。江户的房屋早已不见，但是穿过丸之内和日比谷地区的一系列街道依然勾勒出古老居住区的轮廓。在 17 世纪的江户图上能很容易地辨认出通向皇居北面的道路，而联结江户与京都的旧干线公路东海道依旧经由高轮地区向城南而去。

许多经由文学作品和口口相传而闻名的风景已经消失不见了，尤其是那些曾经站在斜坡的最高点就能望见的景致。新的城市远景可不是那么随意就能瞥见的。人们可以从摩天大楼的观光长廊、顶层景观酒吧和餐厅以及新式高层公寓来欣赏这样的美景。

城市未曾改变的一个特殊之处是代际流动的方式。一个典型的东京人，或者邻县埼玉或千叶的居民，很可能随着年龄的增长从一个地区前进到另一个地区。时髦的原宿商区适合青少年，而当他们跨过成年的门槛，便会来到涩谷附近年轻人喜爱的街区；下北泽的名品折扣店和小型演出场地吸引着大学生们；代官山迎来了略微年长、更具慧眼的顾客；二三十岁的购物者会光顾时尚亦具品位的青山；银座则以中年消费者居多；满是庙宇、佛像、算命先生、中药贩和石匠院落的巢鸭是一个旧区；年长者可以挑选他们自己的墓碑，甚至可以决定刻在碑上将引导他们升入死后生活的铭文。

尽管汽车尾气和快餐店通风口排出的味道不怎么令人愉快，现今的东京并不是个臭气熏天的地方。1995 年 3 月 20 日，周一，春分的前一日，一股致命的气味如同黏糊糊的雾霭一般在东京中心城区的地铁隧道内扩散开来。在半盲的精神领袖麻原彰晃的命令下，奥姆真理教教众实施了沙林毒气袭击。这类事件的发生其实早就有一些先兆。小说家村上春树曾描述，在麻原竞选日本国会众议员失利之前，他在当地的火车站外看到过很离奇的景象：装备了强力扬声器的卡车播放着古怪的音乐，邪教教徒们身穿白袍，头戴象头和尺寸怪异的麻原面具，在人行道上跳舞。这个场景让人不禁想起了发生在江户时代末年的“ええじゃないか”（这不挺好吗）暴行。

20 世纪 30 年代，德国科学家发明了沙林神经毒气。伊拉克曾在 80 年代两伊战争及对库尔德人的种族屠杀中使用过这种毒气。沙林毒气据说要比氰化物气体致命 26 倍，只要一小滴就足够杀死一个成年人。在这次东京地铁袭击中，锐利的伞尖被用来刺破装着毒气的塑料垃圾袋。袭击的指挥者之一是资深医师林郁夫。他为了加入真理教辞去了在日本科学省受人尊敬的职位，在邪教中担任“治疗省大臣”。林郁夫被指派在乘坐的列车接近新御茶之水站时释放沙林毒气。在毒气袋被站台工作人员处理掉之前，2 名乘客已经死亡，231 人受伤。

大量乘客从霞关站的站台疏散出去，仰面躺在地上。受害者尖叫、啜泣，有些人忍受着心悸、肌肉痉挛和呼吸困难。更令人震惊的是看到受害者们口吐白沫，别人不得不将勺子放进他们嘴里以防他们自己的舌头阻住气门。这次袭击造成了12人死亡，受伤者超过了5000人。

袭击日比谷线地铁的主犯林泰男直到1996年12月才被逮捕。据说他在逃跑时随身带着一座小佛龛，一个能帮助他赎罪的物件。对于日本公众来说，这次袭击最令他们惊骇的一点，是这个宣扬世纪末日的邪教的许多成员是科学家和训练有素的技术专家，他们都是日本国内高等教育机构的毕业生。如果是在一个不同的时代，麻原彰晃兴许会成为占卜术、命理学或炼金术的拥趸；而在这个时代，他把自己打造成一个死亡先知，被追随者视为上帝学专家。

新千年前夕，令人不安的事件仍在继续。就在沙林毒气袭击的同一年，神户市发生的一次大型地震造成了超过6000人死亡。政府对这场灾难的反应迟缓而缺乏组织性。这不但暴露出政府应急网络的无效性，还显示出它缺少足够的能力来应对之后的主要危机。两年之后的1998年10月，媒体报道日本铁道公司的一个东京建设工地的工人们意外在小塚原刑场旧址发掘出100多个人头骨。这些头骨被放在桶中掩埋，表面被泥土染成了黑色。2011年，另一个不同的挖掘项目在新宿的富山街区展开，邻近的前陆军医学院与战时的731部队有某种关联。医学院的一个前护士声称，在1945年8月15日日本投降后的几天内，她和同事们被命令掩埋尸首和尸块。政府下令调查此事。

显然，这个时代有太多的事情脱离了常轨，而东京的领导者们却无法将之校正。然而，自我修复已经成了东京的第二天性。

20 世纪 50 年代,《哈泼氏杂志》曾把刚复苏的费城称为“美国的复兴之都”。鉴于无数次快速再生的经历，东京城完全契合了这一“重建等于进步”的城市发展模型。

东京人试图通过建造地标性建筑来让世人承认东京是一座世界级城市，这些建筑被无序地插入了不和谐的城市景观中。这样的设计若是放在其他任何地方，几乎都会被认为是令人摸不着北的幻想；古怪的是，它却很好地融入了东京市区的一团乱麻之中，至少在那些在城里住得足够久、镜片戴得足够厚的人看来是如此。

无法获利或是与当前经济模型不合拍的建筑会被废弃，这是常事，与报废用过的汽车或机器零件没什么不同。东京的规划者们未有半分犹疑地拆掉了历史地标，并将之替换成他们认为更适应时代的建筑。坐落于新式建筑鲜亮外表之间的，是越来越多的闭路电视监控摄像头以及不断壮大的保安和警察队伍。后者增强了地面的监视力量，成了一座被照得更亮的城市中忙碌的身影。故而，所谓哪里有光明，哪里就有黑暗，光越足，影越盛。

2011 年 3 月 11 日，下午 2 点 49 分，海底的大型断层逆冲激发了 9.0 级地震，受其影响之下，东京城中哪怕最可靠的钢筋混凝土建筑都开始摇动变形。逆冲引发的海啸猛地扑向了距离首都北面不到 250 千米的日本东北部海岸线，直击老化的福岛第一核电站。这是自切尔诺贝利之后最严重的核事故。核电站的动力系统失灵，致使冷却系统关闭，反应堆芯熔化。堆芯的熔化导致了后续的多次氢爆炸，严重摧毁了数座反应堆机组。

随着核辐射覆盖了福岛土地上的稻田、渔村和奶牛场，东京电力公司的控制措施就不再只是针对核电站本身，而是包括了限制查看程序记录、对薄弱点轻描淡写和故意散播错误信息等种种手段。东京湾的数个地方都发生了液化现象，即分解的泥土没有足够的时间凝固。这些区往往都是新近围海造田而成的，而用来填海造陆的材料通常是疏浚而来的沙子、从建筑工地移除的泥土以及废料。如果有任何人质疑填筑地的稳定性，那么东京湾部分地区（比如浦安）道路及私宅地基的液化与沉降就是不祥的警告。

查尔斯·比尔德在反思1923年关东大地震后失败的重建计划时，曾质疑政府官员是否有能力“在面对系统性的、缺乏远见的追求个人利益和政治无能时”贯彻一个城市规划综合方案。近乎一个世纪之后，被迫失去产业、离开家园、孤立无援的众多3·11灾难受害者们依然会为政府和核工业缺乏监督和应急规划而感到震惊。他们或许有资格问一问，这么多年究竟真正改变了什么？

受损核电站附近的城镇和乡村要花上数十年才能重新变得适宜居住，而祖先传下来的农地也要过如此之久才适合收回。拆除核电站需要从反应堆中移除熔化的燃料。电站停运过程已经饱受持续的放射性废水泄漏、风险管理欠缺、渎职和无能的折磨。它将耗费数十年的时间，为国家带来巨大的经济负担。

放射性超过安全限值百万倍的废水从靠近太平洋的存储罐中泄漏出来。常规的季节性台风过后，紧随而至的暴雨造成福岛第一核电站附近放射性地下水中的氚和锶90水平急剧攀升。如果发生另一场大型地震，已经严重受损的核设施又会发生什么变化？

除却其他影响，灾难发生之后，公众们越渐明晰亦合理地质疑，核工业是否该存在，谁是核能产业强有力的支持者，而在世界上地震最活跃的地域建立核反应堆又是否是明智的。与此同时，东京城区爆发了多起反核示威游行，其中一场参与的人数超过了 6 万。这是一次对 20 世纪 60 年代行为主义的局部而短暂的回归。自那时起，日本调整了它的核能规范体系，但是政客、核产业的高管和官僚的共谋圈——这个集合被称为“核能村”——几乎没有发生变化。美国国家航空航天局的航天卫星所拍摄的影像曾显示东京为全球最明亮的城市。然而在 3・11 事件发生的数日之后，在它们传回的图像上日本的首都黯淡了许多。

尽管受到了极大的惊吓，东京大致上免遭其难。不过，东京电力公司的高级管理层空洞的保证掩盖了首都确实受到了威胁的事实，而政府机构与温顺的媒体竟对这样的保证竞相传唱。可以想象，要是核辐射扩散到了城市，超过 3000 万的人将不得不被疏散。正如我们所知，这实际上就意味着现代日本国的崩溃。

更多灾难即将来临，而它们几乎是无法预测的。与其猜测灾难何时而至，还不如咨询一下夜晚在城市的人行道上摆着小桌子和纸灯笼、提出要看看路人命理的算命先生。前东京都知事石原慎太郎对 3・11 灾难的原因发表了个人见解。仿佛是久远时代的迷信再次出现，他声称福岛的灾难是一场对日本陷入物质主义的天罚。他的这番评论没有被广泛接受，毕竟，这是个更见多识广的时代。

彩虹桥横跨东京湾，连接起芝浦和人工岛屿御台场。这座落成于 1993 年的桥梁促进了御台场滨海地区的发展。

（图片来源：Dreamstime © Pigprox）

后记　多元地带

凡试图预测现代都市之未来者，最后都容易变成无人听信的过气预言家。研究过去发生的事件及其先兆以理解未来事件的特点，并在一定概率上对其进行管理，这种方法可以被追溯至古代中国的占卜甲骨、巴比伦预言碑。

鉴于推测性地描绘未来很可能发生之事的不科学性，该方法的不准确性或许是显而易见的。不过，即使是在东京这样难以理解的城市也存在一些统计性的趋势。1000 多年前世界上最大的 3 座城市——巴勒莫、塞尔维尔和科尔多瓦——都是穆斯林城市，然而这一事实与今天的城市现状没有什么关联性。从长远历史来看，事实并非总是相关的，东京是现在的亚洲第一大城市这个事实却有其重要性。另一些在伟大文化的影响下诞生的城市也许已然消逝，或者如大莱普提斯一般被碾为沙砾，或者只剩下了建筑遗迹；然而东京在它的每一次转型中都积累了更多的资本，进一步发展壮大。混合都市主义让东京变成了一个如此令人振奋的地方，没有理由可以认为这条路径已经走到了终点。

东京放任自己的历史被抹消，它是一座完全只属于当代的城市。它通过把历史放在时代的尾端来战胜过去，而后与现在并肩而行。这种用有无限可能的未来趋势来掩盖真实过去的方式不局限于日本的城市，仅仅数十年之前，伦敦最高的建筑是那些教堂的塔尖。随着设计乏味的米尔班克大厦以及更为显眼的 1965 年邮政局大楼的建设，没有人再认为天际线是不可逾越的天穹。今天，许多伦敦的建筑古迹都因商业和居住楼宇而蒙上了阴影。在古代城市麦加，你也许会认为沙特人的正统观念是珍爱过去。然而，先知穆罕穆德的妻子赫蒂彻的故居被改造成了厕所；先知的好友、伊斯兰教第一位哈里发阿布·伯克尔的旧居也被推平，仅仅是为麦加希尔顿酒店的建造让路。

变化不只限于表面。为了找到消除拥挤的新方式，东京对土地越挖越深，渐渐形成了一整座地下城市。曾经只能让人联想到地铁线路、下水道和地下河的市中心区底层，现在被闪闪发光的商场、餐厅和酒吧所扩充。东京站之下，错综复杂的地下购物通道网络已经就位，而更多的挖掘已经列入日程。所以，从今往后，东京的很大一部分居民将会在整座地下城中穿行。

1927 年，连接浅草和上野站的银座地铁线投入使用，开启了东京地下世界的发展。至 1930 年，首批地下商店出现在上野站内。地铁系统的承载能力几乎到达了极限，而人们亦时不时地担忧破坏城市已经不稳定的地基是否明智。就很多方面来说，这个地铁系统是值得称赞的，它将可以利用的空间最大化。与纽约和巴黎的地铁不同，东京地铁的每一条缝隙都被明晃晃的灯光照得通亮，从站台看去，没有一处废弃的角落或黑暗区域。即使是在国际化大城市中，也只有东京才拥有通宵运营的交通运输系统。东京地铁和市政府管理的地铁站通向超过 280 个场所，每天运送的乘客超过 800 万。这些地铁线路上下起伏，从彼此的上方或下方通过，并小心翼翼地避开另一些基础设施，比如排污、供电和供气管道、地下停车场以及通信电缆。在大型的地铁综合设施中，不同地铁线路之间只有一掌之隔：在新宿三丁目站，副都心线距离在下层运行的都营新宿线的空隙仅 11 厘米。

在巴塞罗那和法兰克福等欧洲城市，高速公路在很久以前就被驱逐到了城市的边缘；而在东京，它们却渗透到了城市最中心的区域。为了缓解拥堵，使交通运行得更为通畅，更多的高速道路分支通过一种类似多重心脏搭桥的手术被嫁接到现存的交通系统中。政府试图通过在地下约 40 米处建设高速路网来让城市挥别首都高速老化的架高部分，这个计划如今正在获得越来越多的支持。现存的高速公路是在追赶 1964 年奥运会最后期限的过程中匆忙建成的，其中约三分之一超过了 50 年高龄，也没有抗震措施；到了 1967 年，高速路网架高部分的长度达到了 32.5 千米，今天的首都高速延伸至 300 千米以上。新的规划将实现把直接跨越地标日本桥的 2 千米长高速路转移至地下的长久夙愿。

高得离谱的氮氧化物排放水平让这一套受制于环境、永远拥堵的交通体系更为危险。地震的震级会随着深度而减小这一理论有力地支持了地下道路体系，计划不周的仓促施工却是非常愚蠢的，这一点在 1964 年建造的千驮谷隧道段中可以很明显地看出来。对声称偶尔会看到车顶上倒吊的长发女鬼的司机来说，骚灵们“砰”的轻轻一声掉落车上的癖好突显了将这样一条隧道建造在公墓之下到底有多草率。2014 年，地下交通的拥堵迫使开发商们将穿过“虎之门之丘”（位于港区的 52 层商住两用摩天大楼）地下层的一段 900 米长的隧道移除。当东京地铁变成了一座装满了商场和隧道的镂空建筑，与一栋高过一栋的摩天楼们的地基擦肩而过时，似乎很少有规划者考虑过沉降和地陷的可能性。

夏季，城市上空覆盖着散发高热能量的穹顶，人们的生活工作区域笼罩着由此带来的废气。在全国人口密度持续下降的同时，东京的人口密度却在上升，这使城市长期存在的人口不均衡问题越发凸显出来。温度会继续上升，这不仅因为照亮城市需要使用大量能源，还因为人体本身会产生的大量体热。在人口密度最大的时候，东京可以媲美加尔各答，尽管它的运转更为自律，也更有效率。

城市的人口密度以及不可思议的居民数量使你可能在东京度过一生却从没瞥见过海洋。你甚至可能都感觉不到大海的存在。因为在你的住处前方，密密麻麻的高楼大厦沿着东京湾排兵布阵，拦住了本应散入城市缓解闷热的微风。东京的卫星图像显示的是一片被滤去了色彩的土地。伦敦将 30% 的空间留给公园和花园，而东京腾出来的空间只有可怜的 5%。东京中心城区的温度分布图阐明了绿色植物的好处。相比大多数人生活和工作的又热又堵的町与街区，靠近大型花园和公园的居民楼显示出更低的温度。

通常，不加节制的发展将带来严峻的社会及结构性问题。东京却奇迹般地避开了剧烈城市化的许多不良后果，并能够自豪地拥有高效的公共交通系统、友善的邻里社区以及相对低的犯罪率。它是一座可以漫步的安全城市，不论日夜。当代东京相当了不起的一点在于尽管它复杂得令人眼花，它依然能够作为一个单一、稳定的有机体正常运转。然而，这一被爱德华·赛登施蒂克称为“单一、集中的正统”的观念已不复存在。这不是说东京有任何成为萌芽版柏林或迪拜的苗头。东京是世界性的城市，但是它的居民并非来自五湖四海，并非人人都对一个更为多样化的东京敞开怀抱，很多人将增加异质性等同于在井水里投毒，种族间的紧张是不可避免的，那种在伦敦市属住房区和巴黎郊区发生的暴乱却不太可能在东京出现。

东京城迟早要面对它不言而喻的多元化，接受大批的外国高管、企业家和教师，住在江户川区廉价住房内的印度人，搬进池袋的中国人，以港区为家的美国管理阶层，六本木等地区的尼日利亚籍夜总会酒吧老板和俄罗斯女招待以及在服务行业工作的下层阶层，比如护工、厨子、侍应生、洗碗工、便利店店员、工人、酒吧女招待、社交陪同、保镖、音乐人、艺人、按摩师和街头小贩。这些男男女女来自西非、东南亚、印度、俄罗斯亚洲区、白俄罗斯和波兰。他们是真实存在的，尽管他们中的许多人穷得无法享受东京的便利设施，住在城市中却没有成为城市的一部分。一个曾经否定多样化的城市将不得不承认它事实上已经通晓了多国语言，并且从新时代文化多元的都市生活中汲取力量与灵感。

和美国电影观众一样，日本观众似乎喜欢幻想已经遗忘的过去。流行动画《东京巴比伦》中的一个角色曾言："即使是现在，我仍然喜欢东京，喜欢它本来的模样。除了它之外，哪里还寻得到那么多人来细细品尝那堕落至毁灭的滋味？"虚构的毁灭容易被一笑置之，但是几乎所有人都同意，大地震迟来已久，灾难迫在眉睫。无论是因为泰然自若还是有条件地听而任之，很少有东京人为未来而苦恼。日本人对可爱与感性化的东西有种稚子般的偏爱。这或许是可以理解的，毕竟，在他们生活的国度，现实往往不请自来，带着将生命吞噬殆尽的力量击破窗户、掀翻屋顶，再将地板高高拱起。

不规律的地质灾害让整个城市命悬一线。东京坐落于亚欧地质板块与太平洋板块的交叠处，所处的位置异常脆弱。海洋板块和陆地板块的交合点所造成的地质波动性最终导致了地震、火山爆发和海啸。东京、大阪—神户一带是世界上地质风险最高的城市群，如果缺乏能够对抗重大地震威胁的清晰战略以及有效的指挥管理系统，不可计量的生命财产损失是难以避免的。

经过数个世纪以来勤勤恳恳地填海造陆，东京的海岸线向前推移了超过 1 千米。现在，松软不稳定的地基构成大部分的滨海区域、大量的人工岛屿、深度侵蚀多摩川和荒川的泥沙地以及一片片新形成的居住地块。这些地区都可能发生土壤液化。电脑模型显示，易于液化的区域除了在劫难逃的东郊之外，还包括了丸之内的商业区、证券交易市场所在的兜町以及银座。压实的土壤被埋在这些区域地下 30—60 米处，远低于那里大多数建筑的地基平面。骏河湾的西缘是最容易受到地震波影响和破坏的区域，然而那里集中建设了大量的工厂、化工厂、仓库、储气罐、炼油厂等高度易燃的设施。它们使地震的破坏力“更上一层楼”。

在井然有序的摩天楼陈列柜和建筑公司声称具有抗震性能的新建筑之间的，是成千上万用抹了灰浆的胶合板匆匆摞成的老旧楼房。在地震中，这种住宅盖板会先像一块不新鲜的饼干一样破裂，再变成大堆的木头碎片。平板玻璃和霓虹灯碎片会如雨点一般落到逃窜或蜷缩的行人身上，脱落的广告牌将成为断头台，办公室里的重型设施和轻型设备会坍塌崩落，新式涂层和家具中的化学成分将会释放出来，液化石油气罐将被遗弃在路面上等待点燃，电梯在第一次震动时就会被卡住，没有规律的爆炸将制造一道道有毒的黑烟，倒地的电线杆和阻塞的交通将妨碍应急救援与抢修。离开城市的路线将会被大火、一堆堆废墟和倒塌的桥梁堵死。经常使用电器、液化石油气取暖器、煤气灶和汽油炉的家庭将只有数秒钟的时间来关闭这些便利设备。码头上的港口设施将无法使用。据称 70% 的东京自来水管道对大地震毫无准备。

与自古以来穷人们的命运一致，城市东部地区低地的住民们将承受最大的苦难，而西部更高的地势及更现代的基础设施将很可能使其免于受到更大的破坏。东部居民狭窄的街道巷弄、没了踪影的防火隔离带和数量相对更多的木建筑大多都建立在冲积土上，而这将放大地震的效果。而且，东京城东面的大部分地区都位于海平面上，有些地方比海平面要低 4 米。在有些地区，比如位于隅田川和荒川之间平地上的钟渊和京岛，消防车实际上根本不可能挤进居民楼之间，抵达居民的住处。这些民宅没有使用网格状布局，而是沿着过去稻田的不规则轮廓修建，城市道路则在曾一度用来灌溉农田的水沟和水渠上蜿蜒而行。

现代东京对国家事务、经济和文化的影响力是史无前例的。这意味着，下一次地震的后果对全球秩序正常运转所造成的影响将远甚于上一次。尽管1923年地震造成了巨大的伤亡人数和高昂的城市重建成本，但这场灾难的全球影响力几乎微乎其微。现在，全世界能在几分钟之内感知到一场地震的效果。城市布局将国家高级领导人、商业、工业和高新技术领军人物、教育工作者、新闻记者以及科研工作者过度集中在同一个区域中心会引发巨大的安全问题——只要一次空前的自然灾害就将灭绝所有的人力及物质资源。因此东京要生存下来的唯一方法就是收缩和分散。

然而，城市依然在扩大。在这座世界上最脆弱的城市中，东京晴空塔，这座有着狭窄、反重力基座的634米高的建筑所象征的不是极端的乐观主义，而是又一次抬头的狂妄自大。这座高塔成了城市的最高象征。然而，它非凡的人气并不能消磨这样一种感觉：它所代表的未来已然是个过时的概念。

东京人永远与灾难即将来临的紧迫感为伴。不过，这也从未阻止他们充分地享受城市的生活，而他们的城市如同一张咆哮巨口一般将他们的活动吞入、咀嚼、下咽。在某些方面，东京在暴力的打磨之下变得越发坚硬，已经演变成了事实上不可摧毁的有机体。东京人抑制不住的乐观，将破败拥挤的环境诠释为了一种对老城区的质朴怀恋；将推平社区的房屋视为一种进步，并且在剔除历史之后留下的空间内看到了机遇无限，前途似锦。大都市永远在变化，永远充满着不确定，它是一本可以无限次地重新书写故事的剧本。1878年，东京证券交易所在兜町开业。当一段悬着的绳索的最后一股也噼里啪啦地烧成了灰烬之后，这日的交易便结束了；第二天又重复了同样的过程。

如同迪拜巨型摩天楼之于崩塌的沙城麦地那，今天的东京与它江户时代的前世——甚至明治时期的自我——没有什么相似之处。没有了古建筑来帮助记忆，人们就可以注视当下，不再为过去花上一分一秒。时间本身不会腐败，但是屈从于暴政之物却会。面对衰败与腐蚀，东京的回应是自我转变。在这个无常与变化的世界，历史建筑或街区的象征价值只需保存在名义中便已足够。

东京对保守与弃用之物的厌恶以及它对现代性的迷恋，都反映了一种与众不同的城市观念：不朽的实现不在于保存，而在于重生。击碎房屋的落锤是这座瞬息万变的城市的节拍器。如果东京无法在镜中窥见自己的历史，那必然是因为它的外表已覆满了造作时的尘土。它的居民们赞成这种永不停歇的变化，因为他们相信未来将远远好于过去；故而，他们始终不渝地信仰着现代性的力量，将之奉为圭臬。有人会怀疑，他们之所以仍然留在这座拥挤、易燃的城市中，不是因为财富积累的前景，而是因为能够获得参与现代性本身的机会。

这个国家大多数人相信，物质世界只是梦幻泡影，贪嗔痴是苦与悲的源头。无常的教义——没有什么是持久的，一切因缘都是暂时的——在这座世俗与贪婪的城市中获得了巨大的支持。在那里，从历史的岩浆中挖掘过去将一无所获。

寒冬腊月，当冰霜笼罩了清晨的城市，你仍然可以信步至日比谷公园的旧池塘边，池中的喷泉顶上有一座生锈的丹顶鹤铜雕像，彼时铜鹤的翅膀上正点缀着优雅的冰凌。你看到的是东京最稀有的事物：一座冻结在时间中的遗迹。

然而，与年老的欧洲城市不同，让这座位于世界极东处的都城始终生生不息的是永恒的生灭无常。看起来，东京不需要过去也可以得到繁荣的未来。

参考文献

Allinson, G. D. *Suburban Tokyo: A Comparative Study in Politics and Social Change*. Berkeley: University of California Press, 1979.

Ashihara, Yoshinobu. *The Hidden Order: Tokyo through the Twentieth Century*. Tokyo: Kodansha International, 1989.

Barr, Pat. *The Coming of the Barbarians*. London: Macmillan, 1967.

——. *The Deer Cry Pavilion: A Story of Westerners in Japan, 1868–1905*. New York: Macmillan, 1968.

Benfey, Christopher. *The Great Wave*. New York: Random House, 2003.

Bestor, Theodore C. *Neighborhood Tokyo*. Stanford, CA: Stanford University Press, 1989.

——. *Tsukiji: The Fish Market At The Center of the World*. Berkeley, CA: University of California Press, 2004.

Bird, Isabella. *Unbeaten Tracks in Japan*. New York: G.P. Putnam's Sons, 1880.

Birnbaum, Phyllis. *Modern Girls, Shining Stars, the Skies of Tokyo*. New York: Columbia University Press, 1999.

Bodart–Bailey, Beatrice M. *The Dog Shogun: The Personality and Policies of Tokugawa Tsunayoshi*. Honolulu: University of Hawai'i Press, 2006.

Brinckmann, Hans. *Showa Japan: The Post-War Golden Age and Its Troubled Legacy*. Tokyo: Tuttle Publishing, 2008.

Buruma, Ian. *A Japanese Mirror: Heroes and Villains of Japanese Culture*. London: Penguin Books, 1985.

——. *Inventing Japan*. New York: Modern Library, 2003.

Cybriwsky, Roman. *Tokyo*. London: Belhaven Press, 1991.

de Becker, J. E. *The Nightless City, or the History of the Yoshiwara Yukwaku*. Tokyo: ICG Muse, 1899.

Dore, R. P. *City Life in Japan: A Study of a Tokyo Ward*. Berkeley, CA: University of California Press, 1958.

Dunn, J, Charles. *Everyday Life in Traditional Japan*. Tokyo: Charles E. Tuttle Company, 1972.

Enbutsu, Sumiko. *Discover Shitamachi: A Walking Guide to the Other Tokyo*. Tokyo: Shitamachi Times Inc., 1984.

Ernst, Earle. *The Kabuki Theater*. Honolulu: University of Hawai'i Press, 1974.

Finn, Dallas. *Meiji Revisited: The Sites of Victorian Japan*. Tokyo: Weatherhill, Inc., 1995.

Fowler, Edward. *San'ya Blues: Laboring Life in Contemporary Tokyo*. Ithaca, NY: Cornell University Press, 1996.

Friedman, Mildred, ed. *Tokyo: Form and Spirit*. Minneapolis: Harry N. Abrams, Inc., 1986.

Gerster, Robin. *Legless in Ginza: Orienting Japan*. Melbourne: Melbourne University Press, 1999.

Greenfeld, Karl Taro. *Speed Tribes: Days and Nights with Japan's Next Generation*. New York: Harper Perennial, 1994.

Guest, Harry. *Traveller's Literary Companion, Japan*. Lincolnwood, IL: Passport Books, 1995.

Guillain, Robert. *I Saw Tokyo Burning*. London: John Murray, 1981.

Hane, Mikiso, ed. and trans. *Reflections on the Way to the Gallows: Rebel Women in Prewar Japan*. Berkeley, CA: University of California Press, 1988.

Harvey, Robert. *American Shogun: MacArthur, Hirohito and the American Duel with Japan*. London: John Murray, 2006.

Hayashi, Tadahiko. *Kastori*. Tokyo: Pie, 2007.

Hibbett, Howard. *The Floating World in Japanese Fiction*. Oxford: Oxford University Press, 1959.

Ishiguro, Kazuo. *An Artist of the Floating World*. London: Faber and Faber, 1986.

Ito, Ken K. *Visions of Desire: Tanizaki's Fictional Worlds*. Stanford, CA: Stanford University Press, 1991.

Jinnai, Hidenobu. *Tokyo: A Spatial Anthology*. Berkeley, CA: University of California Press, 1995.

Jones, H. J. *Live Machines: Hired Foreigners and Meiji Japan*. Vancouver: University of British Columbia Press, 1980.

Kawaguchi, Matsutaro. *Stories from a Tokyo Teahouse*. Tokyo: Tuttle Publishing, 2006.

Kern, Adam L. *Manga from the Floating World: Comic-book Culture and the Kibyoshi of Edo Japan*. Boston: Harvard University Asia Center, 2006.

Large, Stephen S. *Emperors of the Rising Sun: Three Biographies*. Tokyo: Kodansha International, 1997.

Lee, Frank H. *Tokyo Calendar*. Tokyo: Hokuseido Press, 1934.

Mansfield, Stephen. *Tokyo: A Cultural and Literary History*. Oxford: Signal Books/Oxford University Press, 2009.

——. *Top 10 Tokyo*. London: Dorling Kindersley Limited, 2010.

McClain, James L. *Japan: A Modern History*. New York: W. W. Norton & Company, 2002.

Meech–Pekarik, Julia. *The World of the Meiji Print: Impressions of a New Civilization*. Tokyo: Weatherhill, 1986.

Milton, Giles. *Samurai William: The Englishman Who Opened Japan*. New York: Penguin Books, 2002.

Minear, Richard H. *The Scars of War: Tokyo during World War II: Writings of Takeyama Michio*. Lanham, MD: Rowman & Littlefield, 2007.

——. *The Tokyo War Crimes Trial*. Princeton, NJ: Princeton University Press, 1971.

Mitchell, David. *Number9Dream*. London: Hodder and Stoughton, 2001.

Naito, Akira, and Kazuo Hozumi. *Edo, the City that Became Tokyo: An Illustrated History*. Tokyo: Kodansha International, 2003.

Nakamura, Mitsuo. *Contemporary Japanese Fiction, 1926–1968*. Tokyo: Kokusai Bunka Shinkokai, 1969.

Nathan, John. *Mishima: A Biography*. Boston: Da Capo Press, 1974.

Nishida, Kazuo. *Storied Cities of Japan*. Tokyo: Weatherhill, 1963.

Nishiyama, Matsunosuke. *Edo Culture: Daily Life and Diversions in Urban Japan, 1600–1868*. Honolulu: University of Hawai 'i Press, 1997.

Peace, David. *Tokyo Year Zero*. London: Faber and Faber, 2007.

Popham, Peter. *Tokyo: The City at the End of the World*. Tokyo: Kodansha International, 1985.

Richie, Donald. *A Hundred Years of Japanese Film*. Tokyo: Kodansha International, 2001.

——. *The Honorable Visitors*. Tokyo: ICG Muse, Inc., 2001.

——. *Tokyo: A View of the City*. London: Reaktion Books, 1999.

——. *Tokyo Megacity*. Tokyo: Tuttle Publishing, 2010.

Rogers, Lawrence. *Tokyo Stories: A Literary Stroll*. Berkeley, CA: University of California Press, 2002.

Sacchi, Livio. *Tokyo: City and Architecture*. Milan: Skira, 2004.

Saga, Junichi. *Confessions of a Yakuza*. Tokyo: Kodansha International, 1991.

Schreiber, Mark. *The Dark Side: Infamous Japanese Crimes And Criminals*. Tokyo: Kodansha International, 2001.

Seidensticker, Edward. *Low City, High City*. Tokyo: Tuttle, 1983.

——. *Tokyo Rising*. Tokyo: Tuttle, 1991.

——. *Kafu the Scribbler: The Life and Writings of Nagai Kafu*, 1879–1959. Stanford, CA: Stanford University Press, 1965.

Seigle, Cecilia, Tim Clark, Alfred Marks, and Amy Reigle Newland. *A Courtesan's Day: Hour by Hour*. Amsterdam: Hotei Publishing, 2004.

Silverberg, Miriam. *Erotic, Grotesque, Nonsense: The Mass Culture of Japanese Modern Times*. Berkeley, CA: University of California Press, 2006.

Smith, Martin Cruz. *December 6*. New York: Simon & Schuster, 2002.

Stokes, Henry Scott. *The Life and Death of Yukio Mishima*. New York: Farrar, Straus and Giroux, 1974.

Tanizaki, Junichiro. *Childhood Years*. Tokyo: Kodansha International, 1988.

Tatsumi, Yoshihiro. *Abandon the Old in Tokyo*. Montreal: Drawn & Quarterly, 2012.

Waley, Paul. *Fragments of a City*. Tokyo: The Japan Times, 1992.

——. *Tokyo: City of Stories*. Tokyo: Weatherhill, 1991.

Whitney, Clara A. *Clara's Diary: An American Girl in Meiji Japan*. Tokyo: Kodansha International, 1979.

Whiting, Robert. *Tokyo Underworld*. New York: Vintage Books, 1999.

Wildes, H. E. *Typhoon in Tokyo: The Occupation and Its Aftermath*. New York: Macmillan, 1954.

Worrall, Julian and Golani Erez Solomon. *21st Century Tokyo: A Guide to Contemporary Architecture*. Tokyo: Kodansha International, 2010.

Yamamoto, Kenji. *Tokyo: The Making of a Metropolis*. Tokyo: Tokyo Metropolitan Government, 1993.